人人伽利略系列 39

各國知名高鐵建設計畫
與最新型車輛

世界高速鐵道

人人出版

人人伽利略系列39
各國知名高鐵建設計畫與最新型車輛

世界高速鐵道

導讀
鐵路相片館

遍布世界各地的鐵路網，記錄著深植在地的鐵路歷史，乘載著形形色色的鐵路車輛。本書將特別聚焦在高速鐵路的部分。

導讀將展示世界各地的高速列車馳騁於壯麗風景中的照片，首先以2022年9月開始營運的日本西九州新幹線「海鷗號」（KAMOME）揭開序幕。欣賞完海鷗號充滿魄力的照片之後，不妨懷著來趟鐵路之旅的心情，盡情享受本書的內容。

2022年9月23日於武雄溫泉～長崎區間通車的西九州新幹線N700S，列車名稱為「海鷗號」。全車由水戶岡銳治操刀設計，擁有JR九州專屬的外觀與內裝。海鷗號與舊線（在來線）特急列車於武雄溫泉站共用通往博多方向的月台，最多可將博多～長崎的交通時間縮短30分鐘。

NISHI KYUSHU SHINKANSEN KAMOME

NISHI KYUSHU SHINKANSEN KAMOME

KYUSHU RAILWAY COMPANY

KYUSHU RAILWAY COMPANY

ETR 610

從蘇黎世開往米蘭的國際列車「EuroCity」，使用車輛為瑞士聯
邦鐵路局所有的ETR※610。
拍攝地點：瑞士蘇黎世
※義大利文「高速電動列車」（Elettro Treno Rapido）的縮寫。

BR Class 395
BR Class 800

英國東南部的海邊小鎮多佛（Dover）是通往歐洲大陸的門戶，現今依然相當繁榮。BR Class 395駛離名勝「白堊斷崖」後，便駛入舊線區間。BR Class 395使用的車輛由日本日立製作所打造，其優良表現幫助日本鐵路技術深植英國。

拍攝地點：英國多佛

1852年10月啟用的倫敦國王十字車站是通往蘇格蘭的門戶。這座車站相當氣派，歷年來供無數旗艦級列車停靠，現今主要為BR Class 800系列車輛所用。
拍攝地點：英國倫敦國王十字車站

大西部鐵路（Great Western Railway，GWR）營運的長途列車使用綠色BR Class 800系列車輛，從倫敦前往英格蘭西南部。沿線盛開的油菜花捎來春天的問候。
拍攝地點：英國艾克斯特（Exeter）

TGV

只要搭乘TGV，從法國各地皆可前往南法度假勝地，
是觀光客的重要交通工具。
拍攝地點：法國聖拉斐爾（Saint-Raphaël）

ICE

連接科隆～法蘭克福的高速鐵路沿著高速公路而建，故起伏
與彎道較為劇烈，唯有擅長爬坡的動力分散式ICE（Intercity-
Express）列車得以行駛。
拍攝地點：德國維德河畔新城（Neustadt an der Wied）

Railjet

奧地利高速列車「Railjet」以黑色與酒紅色車身為特徵，屬於動力集中式列車。
拍攝地點：奧地利朗坎普芬（Langkampfen）。

1

高速鐵路
技術

高 速鐵路是營運速度超越傳統鐵路的交通系統，需要搭
配專為高速行駛設計的車輛。

第一章將以深入淺出的方式，介紹高速鐵路的歷史與鐵路
技術的發展。除了列車運行機制、供電系統等鐵路基本技術
之外，還會詳細解說革命性的高速鐵路制軔系統、減輕車體
搖晃以提高舒適度的裝置，以及遇上地震時能迅速停車的警
報系統等先進技術。

監修　曾根 悟
協助　日本車輛製造株式會社

日本東海道新幹線開業，帶動世界高速鐵路的建設發展

世界各國對高速鐵路的定義不一，不過原則上泛指運行速度比舊有鐵路更加快速的鐵路交通系統，使用專為高速行駛而打造的車輛，配合專用新建鐵路或改造舊有鐵路與信號。根據國際鐵路聯盟（UIC）的定義，設計時速250公里以上的高速新線、改良後運行時速可達200公里以上的舊線，皆屬於高速鐵路。

其實早在20世紀前半葉就有時速超過200公里的鐵路車輛。1903年，德國西門子公司（SIEMENS）於三相交流電車的實驗中，創下時速210公里的紀錄（右頁照片）。

後來，鐵路車輛的最高速度不斷刷新，例如法國CC 7107號電力機車於1955年創下時速突破300公里的紀錄。然而，以當時的技術水準尚不足以長期且穩定營運時速200公里以上的高速列車。

東京～大阪的交通時間減半

直到1964年，日本的東海道新幹線終於有所突破。「新幹線」是與舊線完全分開的「全新鐵路幹線」，日本第一條新幹線鋪設於東京與大阪之間，路線設計成專供列車高速運行的平緩彎道造型，並投入能以時速200公里穩定運行的車輛（0系新幹線車輛）。

建設高速鐵路的目的之一是「縮短移動時間」。原本搭乘舊線特急列車從東京到大阪需時6.5小時，而東海道新幹線開通隔年便將交通時間縮短至3小時10分鐘，對當時的日本社會帶來巨大變革。

增加編組長度提升運輸能力

建設高速鐵路的另一個目的是「提升運輸能力」。當一條鐵路線上的所有列車運行速度皆相同，路線容量（railway capacity）[※1]就能達到最大值。若列車速度參差不齊，路線容量便會受到限制，因為快車勢必要延緩發車時間才能避免追撞先行慢車，或是得增設超車用設備。即使舊線可供高速列車行駛，要在緩慢的通勤鐵路（commuter rail）車班照常運行的情況下頻繁運行高速列車也很困難。

鑒於上述原因，東海道新幹線透過統一全線車輛的性能，提高了班次的頻率（train frequency）[※2]；而且每組列車皆為16輛長編組，滿足了大量運輸的需求。於是，東海道新幹線開業後不過12年，1976年的載運人次便攀升至10億，成為日本高度經濟發展的重要支柱。

其他國家見證日本新幹線的成功，也開始積極推動高速新線建設，諸如1977年義大利、1981年法國、1991年德國等等，西歐國家陸續開通高速鐵路。接著東亞、中東、非洲等地也逐步跟進。

目前擁有世界規模最大高速

東海道新幹線開通

東海道新幹線在 1964 年 10 月 1 日開通。照片為發車典禮。

鐵路網的國家是中國。中國自2007年左右開始迅速建設高速鐵路，如今總長度已占世界高速鐵路總長度（約6萬7000公里）的3分之2左右。未來，世界高速鐵路的建設將繼續推進，印度與美國也計畫建設新的鐵路[3]。

「傾斜控制系統」幫助鐵路高速化

高速鐵路對社會與經濟發展大有助益，對許多國家來說都是充滿吸引力的基礎建設，只不過高規格鐵路路線在建設初期便需要投入巨額投資。此外，某些地方對於提高運輸能力的需求並不大，只求能提高運行速度，因此也可能選擇改良既有鐵路基礎設施並引進高速車輛，達到鐵路高速化的目的。放眼全世界，許多高速列車都有配備「傾斜控制系統」（tilting system），車體經過彎道時可以傾斜車身，加快行駛速度。

高速鐵路和高速車輛的技術水準都很高，若國家本身缺乏相關技術，勢必得仰賴進口。擁有高速鐵路技術的國家不多，僅有日本、法國、西班牙、德國、義大利等。

高速鐵路的形態因地制宜，像日本新幹線是採用「新舊線完全分開」的形式，法國TGV則是「只在必要區域鋪設高速新線，城市等區域則沿用舊線」的形式。

前者全線皆無平交道，也不會與其他舊線列車交錯，故全線皆能頻繁地高速運行，而且異物闖入軌道的風險較低。不過，缺點是於都會區鋪設新線的成本相當高昂。

另一方面，後者的優點在於區間末端可以銜接舊線、共用總站，因此未建設高速新線的地區也能通行。但是就必須衡量與舊線列車共用時的路線容量，以及平交道意外的風險。

[1]：一路線於單日內所能運行的最多列車班次。
[2]：單位時間內的列車班次。
[3]：2023年9月22日美國首列高鐵通車，最高時速200公里。

創下時速突破200公里的紀錄

1903年，德國西門子公司於實驗中創下運行時速210公里的紀錄。照片為當時實驗用的三相交流電車。

世界鐵路技術持續發展，列車由動力集中式逐漸轉換為動力分散式

列車的動力形式可概分為兩種：一種是「動力集中式」（power concentrated type），僅有機車頭配備動力源，獨力帶動無動力客車行進；另一種是「動力分散式」（power dispersed type），動力裝置配置於部分客車底下，使客車本身即具備行進能力。

綜觀歷史，自從19世紀初鐵路問世以後，有好一段時間只存在以蒸汽機車牽引客車的動力集中式列車。進入20世紀後，隨著鐵路技術進步，動力集中式列車的機車頭逐漸從蒸汽機車演變成電力機車、柴油機車。此外，也開始出現動力分散式列車，例如配備了內燃引擎的柴聯車（Diesel Multiple Unit，DMU）和配備馬達的電聯車（Electric Multiple Unit，EMU）。

動力分散式具有優異的加速性能

動力集中式的優點在於客車沒有動力裝置，故車輛基本配備與追加設備成本較低，還能以車廂為單位增減編組數，彈性因應不同需求。此外，動力裝置集中於機車也有利於維護，乘客於客車內感受到的噪音與震動較少更是一大優點。

動力

動力集中式

僅有車頭配備動力裝置，牽引後方客車行駛。蒸汽機車就是代表性動力集中式車輛。

蒸汽機車 C11 190

照片為行駛於靜岡縣大井川鐵道的蒸汽機車「C11型190號機」。1940年由川崎車輛製造，2001年加入大井川鐵道的行列，經過大規模整修後於2003年開始營運。

至於動力分散式的優點在於以動力驅動的車輪軸較多，加速性能相當出色。另一優點則是提高輸出功率時，軸重※比動力集中式的機車頭小，列車運行時車輪對路基損害較低，有助於減低路基沉陷維修費用。而且即使有部分動力車輛故障，列車也不會完全停擺。

日本以動力分散式列車為大宗，歐洲則近年才陸續增加運用

日本的電聯車和柴聯車數量獨步全球，僅有少數路線與觀光列車使用動力集中式列車。其中有很多原因，例如動力分散式列車加速效率高，較能應付都市地區的高密度車班。再者，日本對於列車軸重的規範相當嚴格，而動力集中式列車一旦提高功率就會導致軸重劇增，因此較不適合。日本新幹線自1964年通車以來都是採用動力分散式電聯車。

而鐵路網發展與日本比肩的歐洲國家，傳統上則以動力集中式列車居多，原因在於國際列車往返兩國時，只需於邊境更換機車頭即可繼續拖行客車。不過近年來陸續出現適應多國電源規格與安全裝置的電聯車與柴聯車，因此動力分散式車輛的數量也有所成長。至於高速列車停車時如何處理龐大的動能，1990年代也已經研發出明確的辦法。（詳見第28～29頁的制軔技術）

電聯車逐漸成為歐洲高速鐵路車輛的主流，但依舊存在例外，例如奧地利與捷克的「Railjet」仍採用電力機車頭牽引客車。目前全球仍可以見到兩種動力類型的高速列車，相信未來各國也會依照各自情況生產合適的車輛。

※軸重是指車輪軸所承受的機車或車輛的重量，反映了軌道承受的荷載強度。

動力

動力分散式
將動力裝置分配於多個客車底下。電聯車、柴聯車都屬於動力分散式車輛。

山手線電聯車
照片為行駛於JR山手線的E231系電聯車，車頂裝有集電弓，馬達與相關設備則裝設於車底的轉向架（bogie）。

世界高速鐵路新線皆採用架空線系統

電車是從車輛外部取得電力，驅動馬達運轉來前進。供電方式主要分成「架空線系統」（overhead catenary system，又稱高架吊線系統）和「第三軌系統」（third rail system）。

高速列車適合架空線系統

架空線系統是車輛利用「集電弓」（pantograph），從沿線架設的電纜（接觸線，contact wire）取得電力來驅動馬達的系統。集電弓安裝於車頂，與電纜相接。若集電弓數量太多容易造成噪音問題，因此每部高速列車通常只會安裝1～2個集電弓。世界高速鐵路新線、日本JR都是採用這種系統。

第三軌系統則是透過裝設在轉向架上的集電靴（collector shoe），接觸平行於行駛軌道的導電軌（第三軌）來獲得電力。舊線鐵路電氣化時若採用第三軌系統，雖然有不必改造太多基礎建設的優點，但需要解決電力需求龐大的問題。由於高壓直流電難以供給足夠電力，故供電形式必須改為特高壓（約2.5萬伏特）的交流電。綜觀全球，第三軌系統也僅用於城市地鐵或近郊型電車。

架空線系統中，不同路線的供電形式不盡相同，故電源規格（交流或直流、電壓、頻率）

雙臂式（菱形）

交臂式

單臂式

電聯車車頂的集電弓是架空線系統的裝置之一。雙臂式集電弓（左上照片）是以兩個菱形框架支撐用來摩擦架空電纜的細長零件「集電舟」（collector head）。這種形式在過去相當廣泛，近年則有愈來愈多「く」字形的單臂式集電弓（左下照片）。單臂式集電弓的零件比雙臂式集電弓少，可減輕車體重量。右上照片為交臂式集電弓，從側面觀察時下臂桿交叉成「X」字形，優點是折疊後車頂上的專用面積比雙臂式集電弓小。日本新幹線自開通以來都是使用交臂式集電弓，後來也開始應用於一般電車。

也因地而異。日本JR舊線的電氣化路線就同時存在1500伏特直流電與2萬伏特交流電的供電形式。此外，由於西日本的交流電頻率為60赫茲，東日本為50赫茲，因此兩地鐵路的交流電規格也分別是2萬伏特60赫茲（九州、北陸）與2萬伏特50赫茲（東日本、北海道）。

國際上對於高速新線供電規格的標準為「2.5萬伏特50赫茲的交流電」，但部分國家原本的電源規格為60赫茲，因此採用「2.5萬伏特60赫茲的交流電」者包含韓國、臺灣、沙烏地阿拉伯的高速鐵路，以及日本的東海道山陽新幹線與九州新幹線。

歐洲高速鐵路能因應多種電源形式

雖然歐洲的高速新線電氣化規格一致，但各國舊線狀況不同，因此高速鐵路車輛也需要具備支援不同電源的功能，例如德國的ICE 3M（Baureihe 406）就是專門設計給國際高速列車使用的車輛，因此安裝了多種集電弓以配合各國的電源規格，包含高速新線的「2.5萬伏特50赫茲交流電」與德國舊線的「1.5萬伏特16.7赫茲交流電」，還有比利時舊線的「3000伏特直流電」與荷蘭的「1500伏特直流電」。

不過也有例外，就是歐洲第一條高速新線 ── 義大利高鐵「佛羅倫斯-羅馬快線」（Firenze-Roma Direttissima）。該路線於1977年部分通車，與舊線完全分開，使用3000伏特直流電，因此列車的最高時速頂多250公里。當局雖然考慮過更換成交流電形式以提升運行速度，但評估後判斷成本效益低，因此至今仍是唯一一條使用直流電源的高速新線。

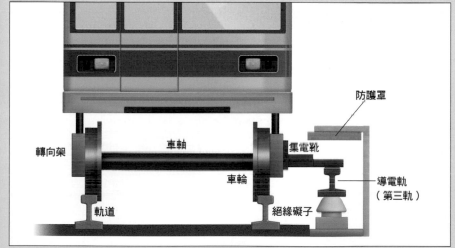

轉向架　車軸　車輪　軌道　集電靴　防護罩　導電軌（第三軌）　絕緣礙子

第三軌系統的機制

電聯車藉由車輛上安裝的「集電靴」接觸導電軌（即第三軌，安裝於電車行駛軌道的外側）取得電力。第三軌上方會裝設「防護罩」，以免鐵路工人不慎觸電。日本地下鐵是將集電靴的位置設計在第三軌上方，如圖所示。

採用第三軌系統的鐵路範例

照片為日本近鐵京阪奈線新石切站的軌道。第三軌位於白色柵欄下方的白色軌道底下。由於第三軌與行車軌道非常接近，存在觸電風險，所以才設置柵欄以免民眾誤觸。

為了連通非電氣化區間
而搭載發電機的車輛

電聯車的能源效率與加速度都優於柴聯車,能提高班次頻率,但缺點是供電設備(架空線或第三軌)的初期建設費用與維護成本高昂。不過在運輸需求與班次頻率較高的路線上,應用電聯車依舊利大於弊,因此世界上許多主要幹線都已經電氣化。

電聯車在都會區的電氣化區間運行當然不成問題,但假設一部列車既要運行於電氣化區間,又要行駛於地方城鎮的非電氣化區間,勢必得採取沒有效率的應對措施,例如使用柴油機車頭牽引電聯車,或在高架電纜下運行柴聯車。

搭載柴油發電機,自行產生動力

為了解決上述問題,最大限度活用現有基礎建設,某些國家選擇引進「油電混合車」。這是一種配備了柴油發電機的電聯車,因此於非電氣化區間也能自行產生行駛動力。

引進油電混合高速車輛的國家當中,以英國為代表。英國於2017年引進了次世代城際高速列車 — 日立 AT300系列的「BR Class 800」和「BR Class 802」,兩款都是油電混合車,目前由LNER(London North Eastern Railway)、GWR和TransPennine Express三家鐵路公司負責營運,除了傳統電聯車具備的集電弓、變壓器與馬達之外,底部還搭載了柴油發電機與燃油箱,以供應車

油電混合車範例(1)

LNER、GWR、TransPennine Express和Hull Trains營運的「BR Class 800╱802」。

輛於非電氣化區間行駛時產生動力，驅動馬達。油電混合車可以在行駛過程中隨時切換「電車模式」與「柴油模式」，前者是從集電弓獲取電力，後者是自行產生行駛動力。切換時，集電弓會上升或下降，柴油發電機則會停止或啟動。

在非電氣化路線電氣化的過渡期，充分利用基礎設施

非電氣化路線逐步電氣化的過渡期間，油電混合車可以最大限度發揮基礎建設的功用。舉例來說，英國GWR引進BR Class 800／802列車之前，倫敦～威爾斯（Wales）首府加地

夫（Cardiff）的區間及其地方城鎮的非電氣化幹線，都是使用柴聯車。雖然倫敦～加地夫長久以來都是主要幹線，卻直到近年才正式推動電氣化，並預計配合工期引進新型車輛，改善服務品質。不過電氣化工程延誤，導致車輛引進時仍有許多區間尚未完成，所幸引進的是油電混合車，因此並未造成太大的問題。

不過油電混合車並非完美無缺，由於搭載的機器較多、重量較重，因此輸出功率比相同條件下的柴聯車還低。此外，設備眾多也代表車輛價格高昂，因此BR Class 800／802在設計上是將行駛於非電氣化區

間所需的設備規格化，未來可按需求隨時拆卸設備，逐步轉換成單純的電聯車。

西班牙也有引進油電混合車。西班牙國鐵（Red Nacional de los Ferrocarriles Españoles，renfe）營運的「S-730」可以在調整過軌距的舊線與高速新線之間來去自如。S-730為動力集中式車輛，因此動力設備並非安裝於客車底下，而是配置於兩端電力機車頭，機車頭後面再連接配備柴油發電機的專屬車輛。

油電混合車範例（2）

西班牙國鐵營運的「S-730」。

獨特的流線型車體
能有效減少空氣阻力和隧道微氣壓波

相信很多人對高速列車的第一印象便是那細長尖銳的流線型車頭。畢竟不同於一般列車,高速列車的最高時速超過300公里,空氣阻力是需要解決的一大課題。車頭之所以設計成細長尖銳的模樣,就是為了盡可能減少空氣的阻力。專門研究電氣鐵路、交通工程的日本東京大學名譽教授曾根悟表示:「日本新幹線的路線穿過的隧道比國外更多、更狹窄,隧道總距離也很長,而且往返兩方向的軌道間距離又近,兩列車交會時產生的衝擊力道很大。因此,東海道新幹線的N700系、東北新幹線的E5系與秋田新幹線的E6系才需要設計成俗稱『鴨子臉』的獨特造型。」

隧道傳出的巨響與震動宛如大炮發射

1964年開通的東海道新幹線是史上第一條高速鐵路,東京～新大阪區間全長515.4公里,中途經過66座隧道,隧道截面積只有64平方公尺,是全世界最狹窄的高鐵隧道。當列車高速進入隧道再駛出隧道出

流線型的新幹線列車

東海道新幹線(右,N700系)與秋田新幹線(左,E6系)都擁有流線型車頭。

口時，會發出炮擊般的巨響和震動。這個現象稱作「隧道微氣壓波」（tunnel micro-pressure wave），簡稱微壓波，原理是隧道內的空氣被列車高速擠壓帶動，像波浪一樣愈推愈大，最後劇烈彈出洞口所致。

隧道截面積愈小則微壓波的威力愈大，不僅會造成乘客不適，對隧道出口附近的居民來說也是嚴重的噪音污染。因此，新幹線車頭才會設計得又細又長，確保列車進入隧道的

車身截面積由小漸大，以減少壓縮空氣的程度。「不過像N700系、E5系、E6系等車型為方便駕駛員觀察前後左右的狀況，駕駛艙設計成凸出的造型，但這也大幅增加了車身的截面積，因此不得不減少其他部分的面積，最後就成了我們現在看到的模樣。」（曾根名譽教授）

減輕列車進入隧道時造成的耳朵不適

不僅如此，列車行經隧道時

造成的急劇氣壓變化，也會造成乘客耳朵不適，因此新幹線自開通以來車體皆打造成「氣密結構」，確保車內空氣流通並維持氣壓穩定。如今不光是日本，世界高速鐵路皆以氣密結構車體為標準配備。

長車鼻可以減少隧道口產生的巨響與震動

車頭設計成15公尺「長鼻」的原因

左方照片為東北新幹線E5系隼號（HAYABUSA，前方）和E2系山彥號（YAMABIKO，後方）同時停靠於大宮站的景象。E5系車頭擁有歷代新幹線中最長的15公尺車鼻（和500系等長），目的在於減少「隧道微氣壓波」（詳見下圖）造成的噪音與震動。

長車鼻可以減少隧道口產生的噪音與震動

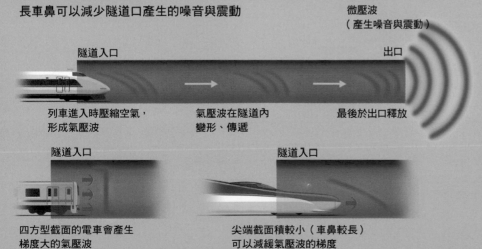

微壓波
（產生噪音與震動）

隧道入口　　　　　　　　　　　　出口

列車進入時壓縮空氣，形成氣壓波　　　氣壓波在隧道內變形、傳遞　　　最後於出口釋放

隧道入口　　　　　　　　隧道入口

四方型截面的電車會產生梯度大的氣壓波　　　尖端截面積較小（車鼻較長）可以減緩氣壓波的梯度

微壓波是列車高速駛入隧道時產生的現象。高速列車進入隧道時會推擠隧道內的空氣，產生「氣壓波」，這股氣壓波在隧道內一路變形（壓力梯度愈來愈大）並從出口釋放，所產生的隧道微氣壓波會發出爆炸般巨響，撼動周圍房舍的窗戶。若列車於隧道入口一次推擠大量空氣，便容易產生微壓波。將車頭設計成長鼻狀就可以減緩推擠空氣的情況，降低微壓波的影響。

為高速鐵路掀起革命的「再生制軔」

物體運動時的動能與速度平方成正比。也就是說,若列車速度加倍,動能就會增加至原來的4倍;若速度為原來的3倍,動能便會增加至原來的9倍。既然列車具有如此龐大的動能,當然需要完善的制軔(煞車)技術才能安全運行。

將加速馬達當成發電機使用

一般列車的煞車方式與腳踏車有異曲同工之妙,都是採用在車輪上安裝煞車的「機械(摩擦)煞車」(mechanical brake)。然而這並不適合高速鐵路,因為摩擦所產生的熱很難處理,還會造成零件嚴重磨損,所以新幹線自開通以來都是利用馬達進行「電力煞車」(electric brake),也就是利用列車的慣性力帶動已切斷電源的直流馬達轉子(rotor)旋轉發電,透過能改變出力軸方向的齒輪箱來產生反轉力矩,藉此消耗列車動能以達到煞車的效果。

1950年代的列車都是使用直

利用發電煞車的「電力煞車」

加速狀態(驅動馬達)

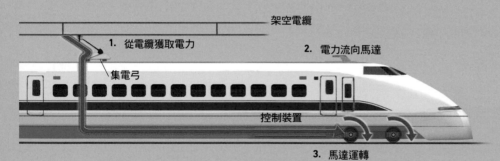

架空電纜
1. 從電纜獲取電力
集電弓
2. 電力流向馬達
控制裝置
3. 馬達運轉

列車加速時會從電纜獲取電力,驅動馬達而帶動車輪(左上圖)。電力煞車的情況則相反,是利用列車的慣性力帶動馬達轉子旋轉發電,產生反轉的煞車力量(左下圖)。順帶一提,機械煞車是利用裝置夾住車輪,將動能轉換為熱能(摩擦熱)以達到煞車目的。

減速狀態(電力煞車)

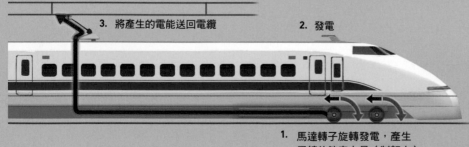

3. 將產生的電能送回電纜
2. 發電
1. 馬達轉子旋轉發電,產生反轉的煞車力量(制軔力)

人力發電腳踏車的發電機打開時,踏板踩起來之所以變重,就是因為制軔力作用。

註:以上插圖旨在說明煞車機制,現實中集電弓並非安裝於車頭。

流馬達，因此基於「利用電阻器消耗列車動能所產生的電能即可煞車」的概念，採用電阻器制軔裝置。雖然這種方法也要處理電能產生的熱，但電阻器可以分散配置，採用通風散熱將熱量消散於大氣，比機械煞車更容易抑制升溫，故這套方式一直運用到1990年前後。

掀起革命的再生制軔技術

後來有人開始思考，若將馬達當成發電機使用，產生的電能有沒有辦法回收成電源再利用，而不是透過電阻器轉換成熱能浪費掉？從這個想法催生出的技術就是現行的「再生制軔」（regenerative brake）。1992年，東海道山陽新幹線300系成為世界第一個運用再生制軔技術的高速列車。

再生制軔的原理是將馬達產生的電能透過車頂集電弓送回電纜，再輸往變電所或供附近其他列車使用，同時產生制軔力。從此以後，新幹線得以擺脫又重又會發熱的電阻器。

隨後，世界各地的高速鐵路紛紛採納這套制軔系統。「繼日本之後，英國、法國和德國在1960年代也出現了高速鐵路，但都是使用『機車頭式』列車 — 由兩端的機車頭牽引客車運行，並且採用機械煞車。然而，機械煞車的摩擦熱存在引發火災事故的風險等隱憂，因此1992年以後，除了法國與部分國家，絕大多數的高速鐵路系統都改用再生制軔系統，可以說再生制軔系統掀起了高速鐵路的革命。」（曾根名譽教授）

有「貓耳」的新幹線

新幹線試驗車輛　E954型

貓耳

上方照片為JR東日本新幹線試驗車輛E954型（暱稱Fastech 360 S，擬人化美少女）啟動空氣阻力增加裝置（車頂的黃色扇形裝置）的模樣。碰上緊急情況時，列車可以展開阻力板以達到煞車效果。其造型酷似貓耳，故也俗稱「貓耳」（左方照片）。

減緩車身橫向搖晃狀況的「主動式懸吊系統」

「**提**高列車速度」與「減少列車搖晃以提高乘坐舒適度」很難兩全其美，為了盡量同時滿足這兩種需求，高速鐵路的歷史上也發展出各種技術。首先介紹抑制晃動的技術，例如新幹線早期就有加裝的「阻尼器」（damper），是透過裝置內部的油產生阻力[1]，吸收震動能量以減緩車體搖晃。

抵消橫向搖擺的懸吊系統

後來開發出直接控制搖晃的裝置，即東北新幹線E2系之後開始採用的「主動式懸吊系統」（active suspension system）。該系統附帶動力減震裝置，當加速規（accelerometer）偵測到震動時，致動器（actuator）便會產生相反方向的震動來抵消，減緩車體搖晃程度。

主動式懸吊系統的技術日新月異，目前已有列車配備了最新的「全主動式懸吊系統」（full-active suspension system），大減少了車體搖晃狀況，尤其在隧道區間行駛時的晃動更是少了大半。

改善彎道路段舒適度的「傾斜控制系統」

當列車速度愈快，過彎時產生的離心力就愈強，乘客也會感覺自己被用力往外甩。日本新幹線為了解決這個問題，於軌道上布設「外軌超高」（cant，詳見次跨頁）以增加軌道斜度，車輛也配備能根據彎道狀況主動傾斜車

利用空氣彈簧傾斜車身，減輕施加於乘客身上的力量

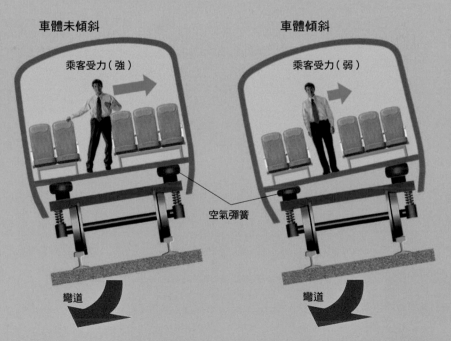

車體未傾斜　　　　乘客受力（強）

車體傾斜　　　　乘客受力（弱）

空氣彈簧

彎道　　　彎道

重力　　　離心力
乘客承受的合力

此處僅探討與車輛地板平行方向的作用力[※]。車體傾斜時，重力會往離心力的反方向作用，減少乘客受到的外力。

※將作用力進一步拆解，且僅探討與地板平行的作用力。

插圖所示為列車行駛速度超過「外軌超高」預設速限的狀況，假設列車以時速320公里行駛於設計時速300公里的新幹線軌道上。列車行經彎道時本來就會產生向外的離心力，乘客也會明顯感受到一股往外甩的力量，但只要根據列車過彎的速度、彎道半徑、外軌超高（軌道斜率）計算出以空氣彈簧傾斜車身的最佳角度，即可減輕乘客受到的作用力。

體的「傾斜控制系統」。不過其他國家只有運行區間包含舊線的高速列車才會配備該裝置，因為他國高速鐵路設計的曲線半徑（curve radius）本來就大於日本的新幹線，不需要傾斜控制系統。至於日本都是按照山陽新幹線的標準（最高時速300公里／最小曲線半徑4000公尺）[2]建設後來的新幹線鐵路，所以列車若要以時速320公里行駛於東北新幹線，就需要加裝傾斜控制系統。

曾根教授表示：「日本比全世界都還早開始運用空氣彈簧（air suspension，又稱氣壓式懸吊），橡膠材質的蛇腹狀管內充滿空氣，可透過調節內部空氣量來控制車身高度。由於列車重量受乘客數量影響，車身高度也隨之改變，因此，空氣彈簧最早是為了通勤電車而開發，目的是維持車身與月台間一定的高度差，後來才應用於新幹線。」空氣彈簧既能控制車體高度，也能減少列車行經軌道接縫時的震動。

※1：車輛震動時，阻尼器的活塞會移入液壓缸，迫使黏滯的液壓油通過小孔，產生阻力並以熱量的形式耗散能量。可與彈簧連用來抑制振動，減少車輛進一步彈跳或晃動。

※2：一般高速鐵路最高時速300～350公里時，軌道線最小曲線半徑應該達到5000～7000公尺，以免列車過彎時翻覆。

改善乘坐舒適度的裝置

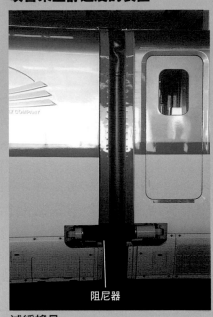

減緩搖晃

「阻尼器」可以減少列車四面八方的搖晃，日本的新幹線、特急列車等高速列車還會在車體與底部的轉向架之間安裝「抗偏器」（yaw damper），這也是一種用於減緩車輛搖擺情形（蛇行運動）的阻尼器。上方照片即車體之間的抗偏器。

產生相反力量抵消車體搖晃的技術（全主動式懸吊系統）

機器感測到搖晃時，讓車體產生相反方向力量的技術。以往只有新幹線綠色車廂等部分車輛配備該技術，現在「隼號」全車都備了相同系統。

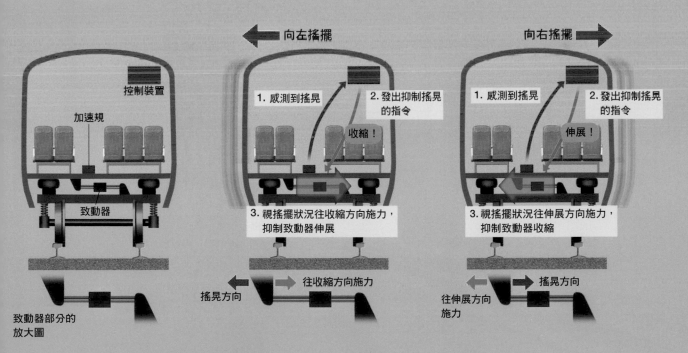

向左搖擺

向右搖擺

控制裝置

加速規

1. 感測到搖晃
2. 發出抑制搖晃的指令
收縮！

1. 感測到搖晃
2. 發出抑制搖晃的指令
伸展！

致動器

3. 視搖擺狀況往收縮方向施力，抑制致動器伸展

3. 視搖擺狀況往伸展方向施力，抑制致動器收縮

致動器部分的放大圖

搖晃方向　往收縮方向施力

往伸展方向施力　搖晃方向

註：以上示意圖僅供參考，裝置位置與實際情況有所出入。

提高彎道處的外側軌道高度
以維持列車高速運行

列車行駛速度愈快，行經彎道時的離心力愈大，因此理想上軌道應盡可能維持直線。然而像日本這樣地狹山多的國家，總有不少區間不得不設計成曲線。新幹線的曲線區間會設計成外軌高度高於內軌高度，藉由增加軌道斜度來抵消作用在車身的離心力，這種做法稱作「外軌超高」。

最大外軌超高為
180毫米

只要知道列車通過彎道的速度，便能夠透過調整外軌超高來推算出彎道應該設定的曲率（curvature，曲率愈大則彎曲的程度愈大，曲線半徑愈小）。然而，若遭遇地震等突發狀況而不得不於彎道上緊急停車，列車也有可能因為失去與離心力的平衡而倒向鐵軌內側。因此，考量到彎道處緊急停車的情形，新幹線設定的最大外軌超高（內外軌的最大高低差）為180毫米（實際上有許多區間的外軌超高達200毫米，但還不至於在緊急停車時讓乘客感到不適）。基於這個標準，列車過彎的速限和彎道的曲線半徑幾乎是固定的。如此一來，即使列車於彎道處緊

德國「紐倫堡（Nuremberg）－因哥爾斯塔特（Ingolstadt）－慕尼黑高速鐵路」的曲線區間斜度（外軌超高）。

急停車也不會傾倒，而且傾斜程度也不太會造成乘客的不適與不安。

「山陽新幹線的設計最高時速為250公里，曲線半徑為4000公尺；但其實世界高速鐵路的標準是設計最高時速300公里，曲線半徑8000公尺。」（曾根名譽教授）

倘若曲率變大，外軌超高也要增加

曲線區間通常會設置「緩和曲線」（transition curve，又稱介曲線）區段，使彎道的彎曲程度緩緩變大、曲線半徑緩緩變小、而外軌超高緩緩變大，這是高速鐵路設計的基礎。如何設定曲線半徑與緩和曲線，取決於高速鐵路的整體設計方針。

此外，日本鐵路和其他國家有幾個顯著差異，其中之一是號誌系統。日本的上行※路線只會有上行列車行駛，下行路線只會有下行列車行駛，外國則不一定，因此通常會設置兩個方向通用的號誌。

「像國外這種雙向通用的號誌系統，就算發生狀況必須緊急停車，後續列車也可以立即返回最近的車站，或等對向列車通過後從右側軌道超車先行，甚至還能協助載運停止列車上的乘客，避免乘客被困在車上數小時。這方面日本新幹線應該參考外國的做法。」（曾根名譽教授）

※日本習慣稱開往東京方向（或開往都市方向）的車班為「上行」，遠離東京方向（或遠離都市方向）的車班為「下行」。

路線未傾斜

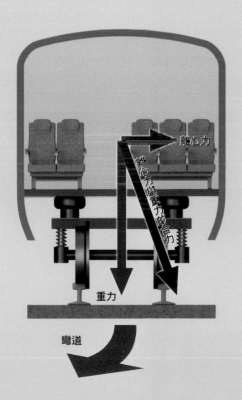

離心力

離心力與重力的合力

重力

彎道

路線傾斜

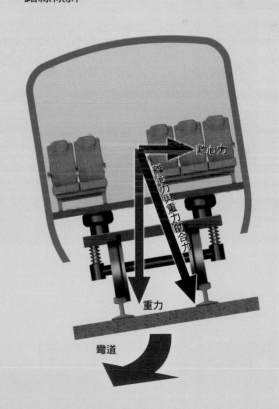

離心力

離心力與重力的合力

重力

彎道

若無布設外軌超高，車輛過彎時將承受龐大的離心力，而離心力與重力的合力方向會超出軌道範圍（左圖），恐使乘客跌倒乃至於車輛脫軌。若布設外軌超高，離心力與重力的合力方向就會落在軌道內（右圖），避免上述危險發生。

精心規畫車班時刻，
致力於縮短移動時間

高 速鐵路的最大訴求是縮短兩地移動時間。除了提高列車運行速度，還可以透過其他方式來達到目的，其中之一為妥善編排鐵路時刻表（以下簡稱「時刻表」）。

「舉例來說，瑞士的國土面積只有日本的8分之1左右，鐵路密度比日本還要高，軌道鋪設得密密麻麻。 而且瑞士已經宣布不會建造高速鐵路，所以藉由改進時刻表來縮短移動時間。事實上，瑞士自1982年起便致力於改善旅客於轉運站轉乘其他車次的便利性，打造出移動時間零浪費的全國規模鐵路網。」（曾根名譽教授）

日本的時刻表
仍有待改善

相較之下，日本東海道新幹線上運行了停靠站數不同的車輛，如每站停靠的普通列車「回聲號」（KODAMA）、準急列車的「光號」（HIKARI）和急行列車的「希望號」（NOZOMI）[※]，所

Abfahrt				Gleis	Hinweis
19.15	R	Schmerikon Blumenau	Rapperswil	3	
19.16	IR	Wattwil Herisau St.Gallen	Romanshorn	2	
19.45	IR	Schmerikon Rapperswil Arth–G.	Luzern	2	
19.46	R	Ziegelbrücke Glarus	Schwanden	3	
19.47	S4	Kaltbrunn Wattwil Herisau	St.Gallen	1	
20.15	R	Schmerikon Blumenau	Rapperswil	3	
20.16	IR	Wattwil Herisau St.Gallen	Romanshorn	2	
20.45	IR	Schmerikon	Rapperswil	2	
20.46	R	Ziegelbrücke Glarus	Schwanden	3	
20.47	S4	Kaltbrunn Wattwil Herisau	St.Gallen	1	
21.15	R	Schmerikon Blumenau	Rapperswil	3	
21.16	IR	Wattwil Herisau St.Gallen	Romanshorn	2	
21.45	IR	Schmerikon Rapperswil		2	
21.46	R	Ziegelbrücke Glarus	Schwanden	3	
21.47	S4	Kaltbrunn Wattwil Herisau	St.Gallen	1	

瑞士鐵路的運行時刻表

左方照片為瑞士東南鐵路（Südostbahn，SOB）的烏茨納赫（Uznach）轉運站於2013年以前使用的車班時刻表。當時使用這站的列車包含一部特快車（IR）、一部往西邊與南邊支線的在地列車（R），以及一部折返回東邊的郊外列車（S）。2014年起，在地列車路線連通東邊和南邊，大大增加了往南和東西方向的旅客在該站轉乘在地列車或特快車的機會。

烏茨納赫轉運站。（Dietrich Michael Weidmann CC BY-SA 3.0）

以會協調各車停靠狀況來制定時刻表，縮短整體旅客的移動時間。目前世界高速鐵路都是以這種方式作為營運基本方針。

然而，曾根名譽教授指出其中有待改善的課題，例如該如何因應需求調整運輸能力：「舉例來說，回聲號從東京到熱海、三島區間的乘客還算多，但過了靜岡之後卻幾乎和載空氣沒兩樣。」因此應視區間需求調整載運能力，例如需求較大的區間以2部8輛編組列車連結成16輛編組運行，需求較小的區間則單純運行1部8輛編組列車。這種調整在其他國家相當普遍。

而以東北新幹線來說，由於東京～仙台區間的載運需求很大，因此行駛東京～盛岡區間時會與秋田新幹線連結，到盛岡站再分離，藉此調整運輸能力。儘管如此，日本各地的新幹線仍有許多部分有待去蕪存菁。

法國會視情況臨時加開車班

那麼其他國家又採取什麼樣的調整方式？「比如法國的高速列車班次較少，且平常只運行8輛編組列車，不過旅遊旺季不僅會將列車加長至16輛編組，還會視情況於表定班次發車前一刻臨時加開8輛編組列車。關鍵是在表定班次發車的前一刻才加開，因為這樣才銜接得上其他舊線班次。此外，高峰時段也可能臨時加開16輛編組的列車，將運輸能力提升為正常的2倍、3倍或4倍。」（曾根名譽教授）

※停靠站數由多至少依序為回聲號＞光號＞希望號。

在東京車站連結的東北新幹線（前）與秋田新幹線（後）

載運需求較大的區間會連結10輛編組列車（東北新幹線）與7輛編組列車（秋田新幹線），再於盛岡站分開。

日本新幹線配備了
世界最高等級的「地震預警系統」

日本由於地震頻繁，地震防範措施是高速鐵路的重要課題。新幹線自1964年開通以來便於沿線安裝地震儀，一旦檢測到地震便會停下列車。後來地震檢測點從沿線擴展至海岸與海底，逐步進化為「地震預警系統」，能迅速對指定路段發出停車指令。

▎檢測地震波並停下列車

例如1992年東海道新幹線「希望號」營運之初，便配備了當時最新型的「緊急地震預警系統」（Urgent Earthquake Detection and Alarm System，UrEDAS）。此後，JR各公司以UrEDAS為基礎，持續改良、升級相關技術，如今新幹線全線皆已運作最新型的地震預警系統。

地震預警系統的基本原理如下：地震波分成P波和S波，當地震發生時會先觀測到微微震動的前導P波，接著才會觀測到造成主要震動的S波。

一旦日本沿岸、鐵路沿線及主要內陸地區安裝的地震P波感測儀檢測到P波，且判定強勁的S波即將到來時，系統便會自動

受到2022年3月16日福島縣外海強震影響而出軌的東北新幹線

山彥223號17節車廂中僅有第13節車廂倖免於難，其他16節車廂全數出軌。所幸地震預警系統及時運作，並未釀成重大災害。

發出警報並停下列車。目前最先進的地震預警系統已經可以在檢測到P波後1秒內判斷發布警報與否，對於地震規模的檢測精準度也提升許多。

新幹線的防出軌裝置

不過新幹線列車因地震而緊急停車時，也有出軌的風險。實際上，2004年10月23日新潟縣中越發生地震時，行駛中的上越新幹線「朱鷺（TOKI）325號」就發生了出軌意外。不幸中的大幸是，當時列車僅偏離至上行路線，對向恰無來車，且朱鷺325號為車身至車底一體成形的200系電聯車，所以儘管出軌也並未釀成重大災情。然而，有鑑於列車終究還是發生出軌，加上日本新幹線雙向路線比其他國家還要靠近等狀況，JR各公司也加緊開發新幹線的防出軌裝置。

磁浮中央新幹線可作為遇災時的備援路線

除了地震之外，海嘯也是日本必須考量的自然災害之一。「尤其是連接東京、名古屋、大阪三大城市的東海道新幹線，更需要將海嘯和富士山噴發的狀況納入考量。如果這些天災發生導致新幹線癱瘓，日本經濟將受到重創，因此有必要確保備援路線，而這也是中央新幹線的建設目的之一。雖然目前還在建設，不過預計全線約有85％會在隧道裡面。」（曾根名譽教授）

由於日本面臨的天災威脅多，因此新幹線配有世界最高等級的災害應對技術，也使得日本新幹線成為外國高速鐵路的楷模。

如何打造新幹線車輛 ~以 N700S 為例~

員工的話

鐵道車輛本部 製造部 製造第一課 部件工廠
部件工廠負責組裝車廂地板以外的五面體，即車身前後、車頂、車身兩側。我身為生產線工作人員負責提供各方面的協助，確保組裝過程順利，例如製作「作業指示書」以補充設計圖上不夠詳盡的作業內容，支援現場工作人員。

設計

基礎設計
從車輛安全性、舒適度、高速性能等各方面研擬基礎設計。

細節設計
設計車型，分析構造強度、空氣動力、運動與其他性能，並利用3D電腦輔助設計CAD建立詳細的設計模型圖。

鐵道車輛本部 技術部 電力組
車輛設計包括車體、艤裝、電力、轉向架。車體即容器；艤裝為將機器放入容器的作業；電力則是設計機器間連結系統的作業。我們會與客戶開會討論具體細節，並與電機廠商研擬適用的機器規格，再製作設計圖和作業指導書。

員工的話

鐵道車輛本部 技術部 轉向架組
我負責鐵路車輛的底盤，也就是「轉向架」。轉向架是一個四角形框架，裝有車輪、馬達、軔機等裝置，掌管車輛的運行和停止。此外，它也是用來支撐客車底部的重要裝置，為了確保車輛的「安全」與乘坐的「舒適度」，必須設法減少轉向架的搖晃，維持運行過程的穩定。

員工的話

組裝零件

零件加工
製造板材與零件。

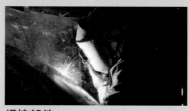

焊接部件
焊接、組裝各個部件（底盤、側面、前後、車頂、車頭）。

製造轉向架框

焊接轉向架框
以焊接機器人配合人工進行焊接。

轉向架框加工
對支撐車輪的轉向架框進行更精密的加工。

組裝車體

組裝部件
將各部件組合成六面體的車體。

結合車體
焊接車體六面，再用起重機搬運。

組裝轉向架

組裝轉向架
配管、安裝馬達等裝置。

轉向架完成
裝上車輪即完成。

很多人都有搭乘新幹線的經驗，但看過新幹線車輛如何製造的人恐怕就不多了。本專欄會帶大家來看看東海道、山陽新幹線車輛N700S的生產過程。

2022年9月23日開通的西九州新幹線「海鷗號」也預計使用N700S車輛。（本專欄之照片、項目名稱、說明文字皆由日本車輛製造株式會社提供）

艤裝

塗裝
車體組裝完成後進行塗裝，接著送上艤裝線。

配線、配管
安裝電路、空氣管線等零件。

艤裝
安裝車底機器。

內裝
裝設壁飾板、隔間板等內裝材料。

最後檢查、運行實驗

最後檢查
使用各種裝置檢驗車體與各項功能。

運行實驗
在廠區實際運行，嚴格測試車輛性能。

檢查轉向架

進行荷重及旋轉試驗，嚴加檢驗轉向架性能。

安裝轉向架

結合車體與轉向架，完成車輛。

出廠

準備交車
裝上運送用台車。

運送
用拖車將車輛成品送至鐵路公司。

亞洲
高速鐵路

第一章介紹了各項高速鐵路技術，第二章則要看看日本與亞洲各國實際運行的高速鐵路。

日本是世界第一個開通高速鐵路的國家；本章會介紹日本歷代新幹線車輛，與目前正在開發的磁浮列車及其原理，還會介紹擁有世界最長鐵路網的中國高速鐵路，以及韓國與臺灣的高速鐵路。

監修　曾根 悟／高木 亮

東海道新幹線開通將近60年，拓展速度緩慢

日本首段鐵路於1872年10月14日開通，路線涵蓋新橋～橫濱（今櫻木町），至2022年已屆滿150年。

當初日本是在英國的技術指導下建設鐵路，形式有別於其他鐵路先進國，除了部分民營鐵路和地下鐵，都設計成窄軌鐵路[1]（軌距1067毫米）。這是因為日本國土狹長且地形限制多，壓縮了車輛與路線設備的體積。雖然建設成本比較低，但也存在難以引進大型車輛、難以高速運行等缺點。

當局在明治時期一度檢討標準軌鐵路（軌距1435毫米）新線的建設，然而並未實現，直到1940年日本帝國議會才批准「廣軌幹線鐵道計畫」（俗稱子彈列車計畫），預計以複線標準軌連接東京～本州西端的下關，最高營運時速200公里。當時已經收購好土地，部分區間如新丹那隧道等也開始動工，但礙於太平洋戰爭愈演愈烈，工程最終於1943年中斷。

不過戰後復興期間，東海道本線的載客與載貨需求遽增，鐵路運輸能力不足的問題迫在眉睫。對此，1955年接任國鐵總裁的十河信二任命過去隨父參與子彈列車計畫的島秀雄為技師長，合力推動東海道新幹線的建設。此外，1957年日本鐵道技術研究所（今鐵道綜合技術研究所）於50週年紀念活動的演講中，宣稱標準軌高速電車有望將東京與大阪間的交通時間縮短至3小時，助長了高速鐵路建設的勢頭。於是1959年4月13日，運輸大臣核准了東海道線的路線擴建計畫。

日本首段新幹線終於開通

1959年4月20日，新丹那隧道東口舉行開工典禮，東海道新幹線正式動工。期間經歷神奈川縣內約30公里長的鴨宮示範線運行測試，短短5年後的1964年10月1日東海道新幹線東京～新大阪區間便正式開通。當時，從東京到新大阪搭乘「光號」只需4小時，「回聲號」則需5小時，且約每小時都有1班車自東京車站發車，最高運行時速達200公里。

這條鐵路的電源形式為2.5萬伏特60赫茲的單相交流電。原則上，曲線半徑為2500公尺以上，路線坡度不超過20‰（千分比）。此外，鐵路與道路交錯處採立體化建設，不設平交道；配備列車自動控制（Automatic Train Control，ATC）與中央行車控制（Centralized Traffic Control，CTC）系統，確保高速運行的安全性。

新幹線打下了好口碑，從此各地紛紛展開高鐵建設。現在除了東海道新幹線，還有山陽新幹線（新大阪～博多）、東北新幹線

新幹線路線圖

註：虛線代表尚在建設或預計建設的路線。福島～山形～新庄、盛岡～秋田兩區間為連通新幹線的舊線。

札幌
新函館北斗
新青森
秋田　盛岡
新庄
山形　仙台
新潟　福島
金澤　高崎
長野　大宮
敦賀　名古屋
京都　品川
廣島　新大阪　新橫濱
博多
武雄溫泉站　新鳥栖
長崎
鹿兒島中央

（東京～新青森）、上越新幹線（大宮～新潟）、北陸新幹線（高崎～金澤，預計2023年度末[2]延伸至敦賀）、九州新幹線（博多～鹿兒島中央，預計2030年度末延伸至札幌）以及北海道新幹線（新青森～新函館北斗）、西九州新幹線（武雄溫泉～長崎）共8條路線。不過，日本高速鐵路近年的擴建速度與其他擁有高速鐵路的國家相比，顯得格外緩慢。

子彈列車用HD53型蒸汽機車模型

HD53型是專為子彈列車設計的牽引用機車，不過並無實車。鐵道博物館（埼玉縣埼玉市大宮區）藏有根據設計圖製作的模型。由於設計圖上看不出塗裝，故模型的塗裝參照東海道新幹線。鐵道博物館除了這輛蒸汽機車，也有收藏電力機車的設計圖。

最高速度不斷提升，超導磁浮列車持續建設

日本新幹線持續改善噪音問題，連原本大幅落後法國高鐵的最高運行速度也迎頭趕上：1997年山陽新幹線的時速達到300公里，2013年起營運的東北新幹線宇都宮～盛岡區間也達到時速320公里，兩度追上了法國。

另一方面，JR東海自2014年起也開始建設東京品川～名古屋間的超導磁浮列車 —— 中央新幹線。磁浮列車是透過車載超導磁鐵與地面導軌（guideway）線圈間的磁力作用，在車輛離地約10公分的情況下高速行駛。中央新幹線於2015年4月的測試中最高時速達到603公里，打破了世界鐵路紀錄。預計日後營運時速設定在505公里，屆時從東京品川～名古屋單趟僅需約40分鐘。

※1：窄軌鐵路（narrow gauge railway）為軌距小於標準軌規定之1435毫米的鐵路。
※2：日本的年度末是每年的3月下旬。4月1日起便是新的一個年度。

新幹線60年來的變化

(1) 列車名稱、目的地顯示器

開通時的0系列車顯示器（鐵牌）

100系新幹線的顯示器（字幕式）

N700系的顯示器（全彩LED）

(2) 月台上的時刻表

開通時的資訊顯示器（字幕式）

翻牌式

全彩LED

(3) 車內廁所的演進

0系新幹線的蹲式廁所

E7系的無障礙廁所

0系（1964～2008年）

0系電車隨著東海道新幹線的開業一同亮相，又名夢幻超特急，其車頭設計被人們暱稱為「糰子鼻」。0系車輛為了減少風阻，採用前所未有的交臂式集電弓與各種新技術，如凹凸較少的車頂設計、專為穩定高速運行而開發的DT200型IS式※空氣彈簧轉向架。此外，駕駛艙上方還裝設了倒L字形的薄板狀靜電天線，用於檢測架空電纜是否正常通電，這個類型的天線一直沿用到現在最新的N700S車輛。

1987年日本國鐵分割民營化之後，0系列車由JR西日本接手營運，逐漸縮短成4輛編組或6輛編組，並於原車身塗上藍色線條或深淺不同的灰色、亮綠色腰帶。0系的服務時間很長，期間不斷汰舊更新，於東海道新幹線持續服務至1999年，於山陽新幹線服務至2008年才退役。

※分別代表兩位發明者：石澤應彥（Ishizawa Masahiko）與島隆（Shima Takashi）。

0系 山陽新幹線（復刻塗裝）

0系 山陽新幹線
（JR西日本的塗裝）

0系的駕駛台（鐵道博物館）

0系的座位（鐵道博物館）

100系（1985～2012年）

100系是0系全面改良而成的列車，行駛於東海道、山陽新幹線，尖型車頭頗具特色。100系運用長年製造0系累積的技術打造出雙層車廂，座位數充足。此外，不同列車還擁有不同的車內設備，例如餐車、車上咖啡廳、商務級包廂等。100系不僅成功達到列車輕量化、節能化、低價化，也打造出能大幅減少行駛阻力的平坦車底。JR西日本後來生產的新款100系列車設計最高時速為270公里，不過營運時則限制在230公里。100系列車於2003年自東海道新幹線退役，2012年自山陽新幹線退役。

100系 山陽新幹線（復刻塗裝）

100系 山陽新幹線
（JR西日本的塗裝）

雙層車廂（磁浮鐵道館）

100系東海道新幹線
退役時的標誌

300系（1992～2012年）

300系是JR東海、JR西日本為了與飛機競爭而採用的新幹線車輛，也是「希望號」最早使用的車輛，最高營運時速270公里。車體高度較100系矮了35公分，車體使用鋁合金材料減輕重量，成功提高行駛速度，此外也首次採用VVVF※變頻器和無承樑轉向架（bolsterless bogie）等技術。以上技術革新也大大影響了歐洲鐵路界，只可惜300系車內噪音較大、乘坐舒適度較差，而且也沒有100系的餐車、包廂等娛樂性質車廂。300系新幹線與100系同樣於2012年全數退役。

※可變電壓可變頻器（Variable Voltage Variable Frequency Inverter）的縮寫，簡稱為變頻器（Variable-frequency Drive，VFD）。

300系模型車（磁浮鐵道館）

300系的一般車廂

300系的車頭側面

300系 東海道、山陽新幹線

500系（1997年迄今）

500系是JR西日本原創的車輛，營運最高時速追上了法國的300公里。車頭為減緩隧道微氣壓波而設計成長鼻狀，車身則設計成圓筒狀，並配備新研發的T字形翼狀集電弓，且集電弓支架側面裝設了參考貓頭鷹羽翼設計的鋸齒狀渦流產生器（vortex generator）。現在500系的用途改變，最高時速調降為285公里，零件也規格化，比如集電弓部分更換成一般的單臂式集電弓。

　　500系於2010年退出「希望號」和東海道新幹線的服務，現在縮短為8輛編組，轉而服務山陽新幹線，主要使用於「回聲號」。雖然它是現役新幹線車輛中最舊的車型，但人氣屹立不搖。

500系 山陽新幹線

500系「500 TYPE EVA」

500系「Hello Kitty新幹線」

500系的車頭

700系（1999年迄今）

700系是繼山陽新幹線500系之後生產的車輛，但最高時速只有285公里，不及500系的300公里，因此起初有不少民眾看衰700系的前景。不可否認的是它大幅改善了300系列的缺點，例如車身採用鋁合金材質雙層構造、中間夾入隔音材料，大幅減少車內噪音。此外，列車配備半主動式懸吊系統（semi-active suspension system），車廂之間也加裝阻尼器，進一步提高了乘坐舒適度。使安全監控系統更加完善也是一大創舉。不過，其每節車廂的座位數與300系相同，也沒有增添旅途樂趣的娛樂設施。相較之下，JR西日本的700系7000番台※（8輛編組，俗稱「鐵路之星」）則具備商務級的對號座位（2＋2排），第8節車廂還有4人包廂等豐富設施。700系中，16輛編組的車型已於2020年正式退役，目前僅剩鐵路之星在山陽新幹線上繼續奔馳。

※日本鐵路業為區別同系列鐵路車輛而設定的
　編號稱呼。

700系 東海道、山陽新幹線

700系 山陽新幹線
「鐵路之星」

700系「鐵路之星」的標誌　700系的標誌

800系（2004年迄今）

800系隨著九州第一條新幹線 —— 九州新幹線新八代～鹿兒島中央區間2004年開通時一併登場，最高時速260公里。車輛設計原型為700系，但車頭造型較和緩。此外，由於九州新幹線存在坡度35‰的陡坡路段，因此800系的6個車輛皆為動力車，配備了軔機與增加車輪與路軌間磨擦力的噴砂裝置「Cerajet」，且全車採用半主動式懸吊系統。

　2011年，九州新幹線全線開通至博多站，並與山陽新幹線相接，不過800系僅作為「櫻花號」（SAKURA）、「燕號」（TSUBAME）的一員於九州內運行。800系和眾多JR九州列車一樣，由水戶岡銳治操刀設計。順帶一提，九州新幹線全線開通以前，800系曾在新八代站與舊線（鹿兒島本線）特急列車「接力燕號」（Relay TSUBAME）共用月台，鐵路公司也將舊線特急車票與新幹線車票合併為一張，並以相同座位號碼發售，轉乘上相當方便。

800系 九州新幹線

於新八代站轉乘

800系的一般車廂

早期的標誌

N700系（2007年迄今）

N700系是JR東海與JR西日本以700系為基礎共同開發的列車，最高時速300公里（山陽新幹線區間），特色在於配備傾斜控制系統，行經彎道時能傾斜車身以提高過彎速度。其特殊車頭造型稱作「航空雙翼」（aero double-wing）※；車廂連結處採用全周幌（全罩式風擋），減少了車內噪音。

2012年出現了升級版的N700系列車「N700A」編組，新增轉向架震動探測系統與定速行駛裝置，2015年正式於東海道新幹線上運行，最高時速285公里。

2008年，山陽、九州新幹線推出N700系7000番台（JR西日本）和8000番台（JR九州）列車，車身塗裝以青瓷般的藍白色為主調，穿插深藍色與漆器蒔繪般的金色線條裝飾；內裝也與東海道新幹線使用的車輛有明顯區別。

※：車頭前部的水平方向形似飛機機翼橫截面，具有水平安定作用；中央駕駛室周邊往下內凹，類似飛機的垂直尾翼。這種設計能對高速氣流經過最後一輛車身時進行整流，抑制高速行駛產生的紊流。

N700系 東海道、山陽新幹線

N700系 山陽、九州新幹線

N700系的標誌

N700A的標誌

N700S（2018年迄今）

N700S是JR東海開發的新幹線車輛，S代表「Supreme」（最頂級）。車頭採用「至尊雙翼」（dual supreme wing）造型，左右兩側內凹，能大幅減輕列車進入隧道時造成的「微壓波」與行駛時的噪音。此外，車輛的主電力轉換器（maln power converter）因使用碳化矽半導體而大幅縮小與輕量化，也配備高速鐵路史上前所未有的動力電池系統，能自行產生行駛動力。如此一來，萬一碰上長時間停電的狀況，車輛也能行駛到較容易疏散乘客的地點。此外，全車座位皆設有插座。為了縮短外國旅客搬運大型行李上車的時間，車廂設計上也稍微減少了座位數並擴大行李置放區。西九州新幹線（武雄溫泉～長崎）已於2022年9月23日將N700S投入「海鷗號」運行。

N700S 的商務車廂

N700S的標誌

N700S（加大的到站顯示器）

200系（1982 ～ 2013年）

200系是東北、上越新幹線使用的初代車輛，擁有完善的防雪措施，例如車頭裝設大型雪鏟，車身至車底一體成形等等。2004年新潟縣中越地震發生時，200系列車在高速行駛的情況下出軌，所幸其車底構造特殊而無人傷亡。第一批投入營運的列車最高時速為210公里，1983年以後追加的新車輛時速提升至240公里。1990年3月開始，上越新幹線下行線上毛高原～越後湯澤（大清水隧道內）區間的運行時速更提升至275公里，在500系出現之前都還是速度最快的新幹線車輛。

200系除了0系外觀的車型，另有類似100系的車款（200系2000番台），中間穿插了2節雙層車廂。1999年，全車系內外裝全面更新，不只駕駛室的造型改變，塗裝也改為與E2系相同形象的顏色。

200系 東北、上越新幹線
（100系車型）

200系 東北、上越新幹線
（新車型）

200系 東北新幹線
（大宮站開業30週年紀念車）

200系 東北、上越新幹線

400系（1992 ～ 2010年）

1992年7月1日開通的「山形新幹線」福島～山形區間並非新建路線，而是將舊線（奧羽本線）軌距調整為新幹線標準軌（軌距1435毫米）的規格，直接銜接東北新幹線。由於沿線的月台和隧道等土木工程建設並未更動，因此400系車輛比照舊線規格設計，比一般的新幹線列車還小，俗稱迷你新幹線。

400系於東北新幹線的最高營運時速為240公里，於山形新幹線運行時則為了應付板谷峠的陡坡（37.5‰）而配備限速系統，因此最高時速僅有130公里。山形新幹線的路線已於1999年延伸至新庄。

400系 山形新幹線（初次亮相）

400系 山形新幹線（新塗裝）

400系的商務車廂
（鐵道博物館）

400系最早的標誌

E1系（1994～2012年）

E1系是JR東日本為因應通勤、通學需求增加而推出的12輛編組列車，客車皆為雙層構造，座位數多達1235席，比同樣12輛編組的200系多了四成。E1系也是首次配備VVVF變頻器的JR東日本新幹線車輛。此外，E1系和後面會介紹的E4系列車都擁有「Max」（Multi Amenity eXpress，雙層舒適特快車）開頭的暱稱。E1系的車體材質為鋼鐵，故車輛較重，且12輛編組的座位數以通勤用新幹線來說有點不上不下，因此後來慢慢被輕合金車體、可調整8輛或16輛編組的E4系取代。

E1系 東北、上越新幹線（初次亮相）

E1系 上越新幹線（新塗裝）

E1系的標誌（塗裝更換前）

E1系的標誌（塗裝更換後）

E2系（1997年迄今）

E2系是JR東日本為了汰換東北、上越新幹線的200系車輛，同時也為1997年10月開通的長野新幹線（當時率先開通北陸新幹線的高崎～長野區間）而開發的列車。第一批投入運用的列車為8輛編組，具備能切換50赫茲／60赫茲的變頻裝置與限速系統等，足以適應長野新幹線情況的設備。E2系的技術也輸出到中國高速鐵路，成為中國CRH2型（第62頁）車輛的原型。

2002年東北新幹線開通至八戶，隨之登場的E2系1000番台車輛為10輛編組，省去行駛於長野新幹線所需的設備，前後車頭和商務車廂配備全主動式懸吊系統，其他車廂配備半主動式懸吊系統，大幅改善了乘坐舒適度。此外也重拾大窗戶設計，改善靠走道座位的視野。2017年，E2系退出了長野新幹線上的營運。

E2系 東北、上越新幹線（粉紅色腰帶）

E2系 長野新幹線（紅色腰帶）

E2系 東北、上越新幹線（200系配色）

E2系（東北、上越新幹線）的標誌

E3系（1997年迄今）

1997年JR田澤湖線經調整軌距後以「秋田新幹線」之名通車，而E3系0番台即同時推出的「小町號」（KOMACHI）專用車輛。於東北新幹線區間最高時速可達275公里，成功提升了營運速度上限。2014年，E3系0番台退出秋田新幹線，轉往東北新幹線服務，後於2021年終止營運。

1999年，山形新幹線的路線延伸至新庄時，同時推出了E3系1000番台「翼號」（TSUBASA）。2008年E3系2000番台問世，前後車頭配備全主動式懸吊系統，其餘車輛也配備半主動式懸吊系統，改善了乘坐舒適度，並完全取代山形新幹線的400系列車。

E3系0番台 秋田新幹線

E3系0番台的標誌

E3系1000番台 山形新幹線

E3系2000番台 山形新幹線

各新幹線的E3系列車塗裝

山形新幹線E3系列車從2014年起陸續更改塗裝，由奧山清行操刀設計，車頭與車體的上半部塗成「鴛鴦紫」（鴛鴦是山形縣的縣鳥），並搭配縣花「紅花」由黃轉紅的漸層線條。

2016～2020年間於上越新幹線營運的現美（現代美術）新幹線，標榜「世界最快的藝術鑑賞列車」，外裝設計由攝影師蜷川實花監製，整體以黑色為主調，描繪華麗的「長岡煙火」。車內（下圖）以多件藝術品裝飾，還設有咖啡廳。

2014年至2022年於山形新幹線營運的「向陽翼號」（Toreiyu TSUBASA）。最大的特色是設有可以泡足湯的「休息室」，還有飲料吧等多元的休閒設施。

E4系（1997～2021年）

E4系是繼E1系之後誕生的全雙層車廂新幹線，全車重量控制在許可範圍之內。儘管每列編組只有8輛，不及E1系，但高峰時段能連結2部列車運行，連結後可載運1634人，是全世界載客數最多的高速列車。上層自由座車廂也有兩側3人座（每排共6人座）的座位。車頭形狀設計成雙尖頭形（double cusp）以減緩隧道微氣壓波，類似JR東海的700系新幹線。E4系列車於2012年退出東北新幹線（大宮以北）的營運，2021年也從上越新幹線退役。

E4系 東北、上越新幹線（初次亮相）

E4系 上越新幹線（新塗裝）

E4系列車相互連結

E4系（新塗裝）的標誌

E5系、H5系（2011年迄今）

E5系是JR東日本以東北新幹線「隼號」為名推出的車輛，車頭採用雙尖頭形，擁有15公尺的長鼻，2013年3月起於宇都宮～盛岡區間運行，營運時速320公里。E5系在高速行駛時為符合車外噪音規範，兩個集電弓中在前的集電弓會摺疊收起。轉向架上安裝了空氣彈簧式傾斜控制系統，全車配備全主動式懸吊系統。此外，除了一般車廂與商務車廂，第10節車廂還設置新幹線中最高級的「頭等車廂」（gran class）。

　隨著北海道新幹線新青森～新函館北斗區間2016年開通一同登場的JR北海道H5系，設備基本上與E5系相同。

E5系 東北、北海道新幹線（粉紅色腰帶）

E5系的頭等車廂

H5系 東北、北海道新幹線（彩香紫色腰帶）

H5系的標誌

E6系（2013年迄今）

E6系是接替E3系用於秋田新幹線「小町號」的車輛，開發目的是與E5系列車連結，於東北新幹線上以時速320公里運行。為此，其轉向架的車軸軸距從400系與E3系的2250毫米拉長到一般新幹線規格2500毫米，並與E5系一樣全車配備全主動式懸吊系統。

E6系車頭鼻長13公尺，略短於E5系。內外裝設計皆由工業設計師奧山清行包辦，白色車身搭配茜紅色塗裝充滿特色，中間還以一條銀色箭頭貫穿。

E6系 秋田新幹線

E6系與E5系連結

E6系的一般車廂

E6系的標誌

E7系、W7系（2014年迄今）

為迎接2015年3月北陸新幹線開通至金澤，JR東日本和JR西日本首度聯手開發，雙雙推出E7系和W7系新幹線。兩車與E5系同樣設置了頭等車廂，全車座位皆附插座，另配備限速系統以因應碓冰峠的陡坡路段（坡度30‰），也配備變頻器以配合50赫茲／60赫茲兩種交流電系統。內外裝設計與E6系同樣出自工業設計師奧山清行之手。

2019年E7系也開始於上越新幹線運行，有段期間車輛還採用有粉紅色腰帶的特殊塗裝。未來隨著北陸新幹線延伸至敦賀，E7系的行駛範圍也將進一步擴大。

E7系 北陸、上越新幹線

E7系 上越新幹線（既有腰帶下方多了粉紅色腰帶）

E7系的集電弓

W7系的標誌

923型（2000年迄今）

東海道、山陽新幹線專用軌道檢測列車，俗稱「黃醫生」（Doctor Yellow），JR東海與JR西日本各擁有一列。923型是以700系為基礎開發的車輛，目的是配合東海道、山陽新幹線運行速度的提升，汰換掉老舊的0系922型列車。

923型的塗裝以黃色為基調，與700系一樣畫上藍色腰帶。全車為7輛編組，除了用於檢測軌道的第4節車廂外，其餘車廂均為電聯車。最高運行時速為270公里，遠超過922型的210公里，是世上第一部達到這個速度的工作車（working vehicle）。

此外，車頭兩邊的車頭燈下方都有一個安置攝影機的小櫥窗。電力、信號、通訊相關設備集中配置於朝博多方向的第1節車廂，檢測軌道的裝置集中放在第4節車廂，朝東京方向的第7節車廂則與700系一樣設有50個座位供乘務人員使用。

923型「黃醫生」

第4節車廂的轉向架配備軌道檢測裝置　923型的車頭燈、攝影機　上一代黃醫生922型

E926型（2001年迄今）

E926型也是軌道檢測列車，用於取代JR東日本在東北、上越新幹線開通以來使用的200系925型工作車。該車是以秋田新幹線的E3系為基礎開發，可以因應碓冰峠的陡坡路段與50赫茲／60赫茲兩種交流電系統，不僅有能力於北陸新幹線行駛，也能行駛於山形新幹線與秋田新幹線的標準軌舊線，目前運行範圍包含新函館北斗至金澤的大段區間。全車為6輛編組，除了轉向架配備軌道檢測裝置的第3節車廂為無動力車輛，其餘車廂均為電聯車。

E926型暱稱「East i」，「East」代表JR東日本的「東」，「i」代表「intelligent」（智慧）、「integrated」（完整）、「inspection」（檢測）。它與同期推出的舊線用工作車共享相同暱稱，且塗裝也是白色車體配紅色線條。

E926型「East i」

「East i」的標誌　　　E926型的車頭燈、攝影機

L0系

L0系（2013年迄今）

JR東海配合山梨磁浮實驗線延長而投入的列車，也是為了預計2027年開通的中央新幹線（東京品川～名古屋）開發的車輛。

車體造型仿造2009年改造的MLX01-901A，車身截面方正，車鼻長達15公尺。

L0系於2015年4月的高速運行實驗中，創下最高時速603公里的世界紀錄。2020年起，以L0系實驗數據為基礎改良的L0系950番台列車已開始實驗運行，改良部分如車頭造型、全面透過感應電流取得電力等等。

存放於磁浮鐵道館的MLX01-1

超導磁浮原理

超導磁浮列車的三樣關鍵線圈

飄浮用線圈

推進用線圈　　車載超導線圈

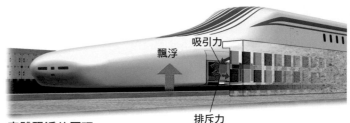

車體飄浮的原理

車輛側面的超導線圈通電後形成超導磁鐵，經過側導軌時，側導軌上的飄浮用線圈在電磁感應作用下會產生電流，形成電磁鐵。飄浮用線圈的上下半部呈8字形，下半部與車載超導磁鐵同極，產生將車輛往上抬的力量（排斥力）；上半部則與車載超導磁鐵異極，產生將車輛往上吸的力量（吸引力）。車輛在兩種力的作用下得以飄浮。

註：以上為車載超導線圈中心低於側導軌飄浮用8字形線圈中心的情況。當車載超導線圈中心偏高時，便會被側導軌的8字形線圈上半部異極電磁鐵往下吸，因此不必擔心車輛會往上彈飛。

推進的原理

超導磁浮列車是藉由車輛側面配備的超導磁鐵與推進用線圈（通電形成電磁鐵）之間的吸引力和排斥力前進。只要控制推進用線圈的電流方向和大小，即可調節車載超導磁鐵與推進用線圈之間的吸引力或排斥力，進而加速或減速。

回到原本的位置

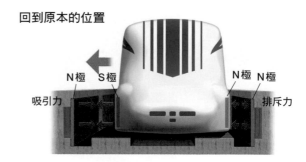

引導的原理

左右兩側導軌的引導線圈相互連動，當車輛偏向某一側導軌時，便會產生電磁感應，使靠近的那一側產生排斥力，遠離的那一側產生吸引力。當車輛處於正確位置時，線圈不受電磁感應作用，故不會產生電流。

這些也是跟新幹線有關係的鐵路車輛！

KIHA 32型「鐵道Hobby Train」（2014年迄今）

四國地區雖然沒有新幹線，但2014年3月推出了予土線觀光列車「鐵道Hobby Train」。KIHA※32型柴聯車雖然是一般列車，但外觀塗裝成0系新幹線的風格，其中一端還做成類似0系新幹線車頭特有的圓鼻子。車內安裝了4個0系新幹線實際使用的座位，還有一個鐵路模型展示箱。

※根據JR公司的柴油車型號的編配規則，KI（キ）代表柴油車，HA（ハ）代表普通車。

AE型「Skyliner」（2010年迄今）

京成電鐵AE型的特急列車「Skyliner」在舊線上的最高時速可達160公里，車輛設計由山本寬齋操刀，外觀取「風」的意象，以傳統日本藍改編成帶金屬光澤的「風藍」（wind blue）搭配「流動白」（stream white），標誌Skyliner的「S」以毛筆字呈現。

車內以「凜」（冷）為設計概念，地板圖案設計改編自日本傳統的圍棋棋盤格紋。

Skyliner是日本目前唯一一部中速鐵路列車（第141頁）。

681系、683系（1992年迄今）

目前用於「雷鳥號」（Thunderbird）、「白鷺號」（SHIRASAGI）等特急列車的JR西日本681系與改良型683系，設計運行時速為160公里。1997年3月，北越急行北北線開通，串聯上越新幹線與北陸的特急列車「白鷹號」（HAKUTAKA）也上線營運，起初於北越急行北北線上的運行時速為140公里；2002年3月起於舊線（窄軌）上的最高時速提升至160公里。

2015年3月，隨著北陸新幹線長野～金澤區間開通，舊線特急「白鷹號」交棒給新幹線後便退休。（左方照片為北越急行所有的681系列車）

持續擴張的
中國高速鐵路

從最新型車輛到時速600公里的磁浮列車

中國的高速鐵路網發展突飛猛進，2007年始營運第一條高速鐵路，轉眼間已經串聯各大都市。如今，中國高速鐵路的總長度約4萬2000公里位居世界之冠，將近可以繞地球一圈。中國持續挑戰列車高速化，目前營運時速最快可達350公里，同樣是世界第一。以下介紹世界矚目的中國高速鐵路。

監修： 曾根 悟
日本東京大學名譽教授

高木 亮
日本工學院大學工學院電氣電子工學系教授

大量高速鐵路車輛填滿了中國武漢廣袤的車輛維修基地。為迎接中國每年「春節」的交通高峰期，所有車輛嚴陣以待。照片攝於2018年。

中國的
高速鐵路

高速鐵路網已遍布主要都市，但成本效益有待觀察

原則上，運行時速超過200公里的鐵路系統即可視為是高速鐵路。日本是第一個建設高速鐵路的國家，1964年開始營運的東海道新幹線最高時速為210公里。此後，歐洲國家也陸續跟進，在1980年代已出現營運時速達300公里的高速鐵路。

中國於1990年代才正式規畫鋪設高速鐵路，原訂目標為使用國產車輛，然而開發過程並不順利，於是轉而採取引進國外技術的方針，透過日本、德國和法國企業的技術轉移推動建設。

2003年中國於既有軌道上[※]運行高速列車，正式開始營運

高速鐵路。2008年更開通北京～天津的高速鐵路專用線，全長約117公里，設計運行時速為世界最快的350公里，實際營運時速約為330公里。

中國的傳統鐵路與高速新線軌距相同，所以積極建設高速新線的同時，也將舊線改良至符合高速運行的規格。

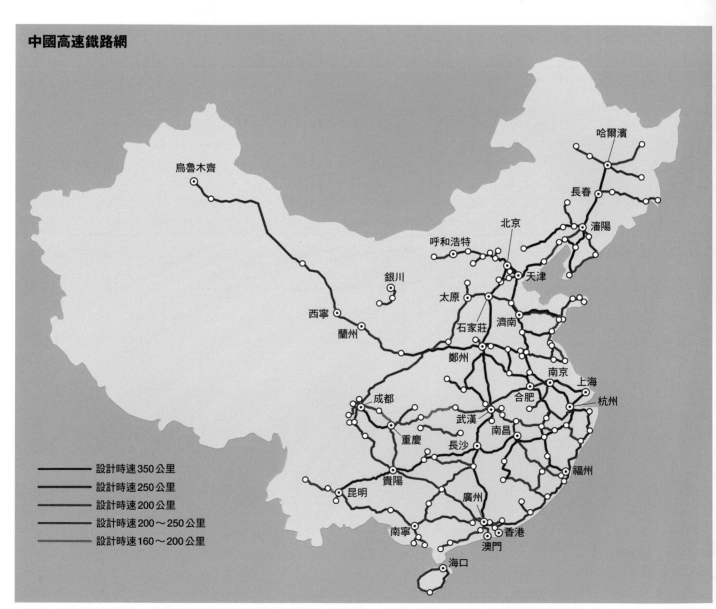

中國高速鐵路網

設計時速350公里
設計時速250公里
設計時速200公里
設計時速200～250公里
設計時速160～200公里

根據《世界高速列車圖鑑》（中國鐵道出版社有限公司）繪製的中國高速鐵路路線圖。在國土東部的高速鐵路網比較密集。截至2022年底，路網總長已達4萬2000公里，預計2035年將延長至7萬公里。

雖然中國於2011年發生高速列車衝撞、出軌事故，但這並未阻止高速鐵路網擴張，截至2022年底，中國境內高速鐵路網的營運路線總長已達到4萬2000公里，占了世界高速鐵路總長的近七成，成為傲視群雄的「高速鐵路強國」。據稱中國高速鐵路網已涵蓋境內95%人口數超過20萬的城市。

人口密集的都市分布均勻

為何中國要建設如此大規模的高速鐵路網？日本工學院大學的鐵路系統專家高木亮教授說：「其中一個原因在於，中國的人口密集都市之間隔著恰到好處的距離。」

像美國人口密度低，各都市之間的距離也很遠，因此發展航空業比建設全國規模的高速鐵路網來得實際。加上中國的鐵路使用率本來就很高，尤其國土東部原本就有連接主要城市的鐵路系統，這種根深柢固的鐵路文化對高速鐵路網的建設也具有正面影響。

雖然中國也有國內航空，不過高木教授表示：「中國若過度仰賴飛機，顯然能源供給會是一大問題，而這也是中國建設高速鐵路網的原因。」

此外，中國不允許擁有私人土地，因此建設用地相對容易取得，才能在短期內打造出鐵路網。

高速鐵路的運行速度並不能無限制提高

中國高速鐵路的營運路線總長與運行速度都是世界第一。日本新幹線的最高營運時速為東北新幹線的320公里，中國則有許多路線已經達到350公里。

至於輪軌式列車的運行時速紀錄，以法國高鐵「TGV」於2007年實驗中創下的574.8公里為最。然而，考量到安全性和成本，實際營運的速度不可能快到這個地步。高木教授表示不只是中國，世界高速鐵路的營運時速頂多380～400公里。

中國計畫未來繼續擴建高速鐵路，然而過去的建設已經投入鉅額費用，造成國債高舉，而且目前的高速鐵路網也有不少路線的乘客不足，難以回收成本。

懷著種種隱憂的中國高速鐵路未來會如何發展，值得持續關注。

※利用濱山鐵路舊線改建而成的「秦濱客運專線」於2003年開通營運，設計時速250公里，運行時速200公里，可說是中國第一條高速鐵路。

上海虹橋站擁有多達30座高速鐵路月台，圖為2樓大廳的模樣，可以從樓梯前往1樓月台。大廳入口設有安檢門（照片前方）。

參考日本新幹線設計的「CRH[※]2型」

中國起先是透過外國技術轉移發展高速鐵路車輛，如照片是與日本川崎重工合作生產的CRH2型系列車款CRH2C「和諧號」。CRH2型車輛的原型為過去東北新幹線「疾風號」（HAYATE）使用的E2系1000番台。CRH2C的營運時速為300公里。

※中國鐵路高速列車（China Railway High-speed）的英文簡稱。

時速350公里的「CRH380B型」

這是與西門子公司合作生產的車輛，以CRH3型為基礎，設計最高時速為380公里。2011年開始正式運行，目前營運時速為350公里。

中國企業打造的國產車輛「CR＊400型」

CR400型是由世界最大鐵路車輛製造商、中國國有企業「中國中車」主導開發的車輛。照片為2016年開始運行的CR400A型車輛，以往中國習慣稱高速列車為「和諧號」，不過基於中國國家主席習近平喊出的口號「實現中華民族偉大復興」，CR400型車輛於2017年6月起改稱「復興號」。營運時速為350公里。預計目前運行的和諧號也將慢慢更改為復興號。

※中國國鐵集團（China Railway）的英文簡稱。

巨型高速鐵路轉運站

「雄安新區」是河北省2017年成立的新都市，屬於中國定義的「國家級新區」，位於北京市西南方約100公里。該區原為農村，現在已經聚集了許多企業和研究機構。2020年12月，雄安新區連通北京市的高速鐵路新線已經通車。

照片中的雄安站為規模龐大的轉運站，預計未來將持續建設連接天津市等周邊城市的新路線。

高速鐵路專用大橋

「福廈高速鐵路」連接了福建省福州市與廈門市，中途的泉州灣跨海大橋長達約20.3公里，已於2021年11月30日貫通。

西北部也開通了
高速鐵路

中國西北部人口稀少，經濟發展也比沿海地區落後。2014年，連接甘肅省蘭州市和新疆維吾爾自治區烏魯木齊市的高速鐵路開通。照片左側為行經新疆維吾爾自治區哈密南站的高速鐵路車輛。

致力研發營運時速600公里的磁浮列車

「中國中車」於2021年7月公開了持續開發的磁浮列車車輛（照片）。該車不像日本是以超導電磁鐵飄浮車體，而是使用過去已經有成功經驗的普通電磁鐵（與下方照片的上海磁浮列車採用相同方式），目標是以時速600公里運行，不過目前尚未建設實驗軌道，距離實際營運恐怕還有段時間。

其實中國早有磁浮列車營運

中國早在2002年便於全長約30公里的上海磁浮示範營運線使用磁浮列車※，連接上海浦東國際機場與上海市郊區。這套使用普通電磁鐵的磁浮技術主要來自德國。有段時期，上海磁浮列車的最高營運時速曾達到431公里（現在為300公里）。

※上海磁浮示範營運線2002年12月31日舉行通車典禮，2003～2005年對外試運轉，2006年4月27日正式投入商業營運。

時速1000公里的「超迴路列車」是否難以實現？

近年，美國知名企業家馬斯克（Elon Musk）談起一種名為「超迴路列車」（Hyperloop）的交通方式，概念是建設專用的低壓管狀路線以減少空氣阻力，將列車運行時速提升至1000公里以上。其實「超迴路列車」的基本概念早在百年以前便已出現，不過馬斯克的發言再度引起世人關注，相關技術也開始蓬勃發展。2018年，美國「超迴路運輸科技公司」（Hyperloop Transportation Technologies，HTT）宣布與中國簽訂契約，計畫於中國貴州省建設一條10公里長的「超迴路列車」實驗路線。此即「超迴路列車」的想像圖。此外，有報導稱中國也在獨自開發「超迴路列車」。雖然這項技術充滿了夢想，不過其安全性、如何處理路線分歧等技術性問題繁雜，許多專家認為這項技術不可能或難以實現。

（筆者：荒舩良孝）

參考法國高速鐵路開發而成，
最高營運時速超過300公里

KTX-I

照片為韓國高鐵（Korea Train Express，KTX）的第一代車輛，以法國TGV Réseau為原型，部分車輛是由韓國車輛製造商樂鐵（Rotem）簽下授權合約負責製造。KTX-I為20輛編組，由2輛機車與18節客車組成，是TGV家族中最長的編組。自2004年KTX通車至今，KTX-I始終是主力車輛。目前KTX-I由韓國國營鐵路公司Korail營運，最高時速為305公里。

KTX-山川

現代樂鐵（Hyundai Rotem）根據高速試驗列車HSR-350x的研究數據研發多年，於2009年推出第二代KTX列車「KTX-山川」，成為首款韓國國產高速鐵路車輛，也是唯一一款使用非法國技術打造的動力集中式高速列車。與超長編組的KTX-1不同，僅由2輛機車和8輛客車組成10輛編組，可以根據路線需求調整長度。除了Korail之外，Korail子公司「水西高速鐵道」（Supreme Railway，SR）的SRT高速列車也是使用KTX-山川，串聯首爾水西～木浦、釜山。

HEMU-430X

據稱這是韓國獨立開發的試驗列車，HEMU的意思是高速（H）動力分散的電聯車（EMU）。有鑑於KTX長年採用法國式的動力集中式車輛而難以密集運行，因而投入開發。最高時速預計達430公里。

參考日本700系新幹線開發而成，臺灣唯一的高速鐵路車輛

臺北車站建於地底，月台設有月台門，避免民眾不慎跌落。

標準車廂的模樣。座位形式與700系新幹線一樣為2＋3排。

700T

臺灣高鐵使用的700T型車輛是以日本700系新幹線車輛為基礎,由JR東海和JR西日本共同開發。由於臺灣也有發生大地震的風險,因此選擇引進具有防震設計的日本車輛。700T與700系的差異在於採用12輛編組、最高時速提升至300公里、車頭造型不同,而且拿掉了乘務員專用門。700T是臺灣高鐵自2007年開通以來唯一使用的車型,但日本已於2020年停止生產700系車輛的零件,因此臺灣高鐵正在研擬引進新車輛。

左營高鐵站的電子時刻表

左營高鐵站的大廳

3 西歐高速鐵路

本章將介紹法國以及西歐各國使用的高速鐵路車輛。包含繼日本之後正式開發高速鐵路系統的法國高鐵以及「TGV」歷代車輛，和擁有網格狀高速鐵路網的德國城際特快車「ICE」與系列車輛，還有開發出傾斜控制系統的義大利、鐵路發源地英國，以及西班牙、瑞士、奧地利、葡萄牙、荷蘭、比利時等國的高速列車。

法國高速鐵路技術先進，
現已開放鐵路公司自由競爭

法國高速鐵路系統的發展可以追溯至1981年，當時法國國鐵（Société nationale des chemins de fer français，SNCF）以「TGV」（Train à Grande Vitesse，意即高速列車）作為品牌名稱開始營運，而成為繼日本新幹線之後第二個正式研發高速鐵路系統的國家。如今法國的高速鐵路網已經遍布全國，和日本一樣成為重要國家基礎建設。法國高鐵系統也是世界榜樣之一，許多國家都是從法國進口車輛和技術。近年來，法國開放高速鐵路市場，如今已有TGV以外的公司營運的高速列車可搭乘。

頂尖高速鐵路網正式開通

法國見日本於1959年開始建設東海道新幹線，也於1960年代研擬國內高速鐵路新線的建設。當初計畫使用燃氣渦輪機（gas turbine）作為高速鐵路新車輛的動力，因為當時燃氣渦輪機的技術有所革新，不僅成功小型化至鐵路車輛可以配備的尺寸，單位重量下的輸出功率也有所提升。1972年，燃氣渦輪試驗車TGV001開始試營運，隔年卻逢第一次石油危機爆發而導致原油價格飆漲，TGV的計畫也受到波及，於是轉而使用電力作為車輛動力。

1974年初，法國政府核准了高速新線（Ligne à Grande Vitesse，LGV）建設計畫，第一條LGV連接了首都巴黎與法國中部的第二大城里昂，命名為「LGV東南線」（LGV Sud-Est），1981年9月27日開始營運，揭開了法國鐵路新時代的序幕。TGV不僅比傳統鐵路及汽車更快、更舒適，又比飛機便利，因而受到民眾喜愛，之後LGV也持續拓展鐵路網至全國。1990年，通往法國西部和西南部的LGV太平洋線開通；1993年，通往英國和比利時的LGV北線開通；2007年，通往法國東部和德國的LGV東線開通。LGV以巴黎為中心往法國全境與鄰國擴張，如今已形成輻射狀的高速鐵路網。

TGV車輛的技術

TGV車輛有個特點：從第一代到最新型號都屬於少見的動力集中式列車；此外，所有列車的客車部分均採用關節式轉向架（articulated bogie）連

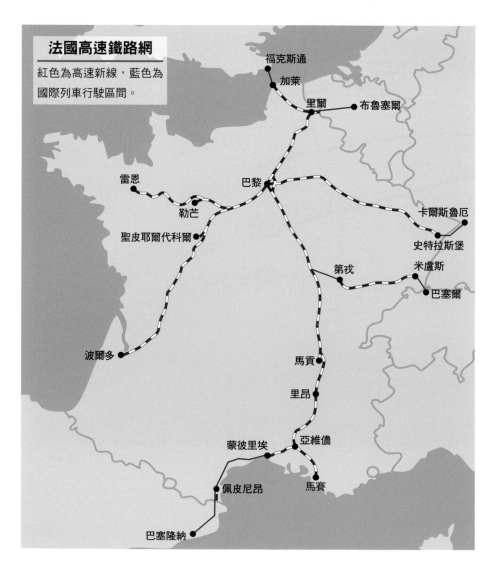

法國高速鐵路網

紅色為高速新線，藍色為國際列車行駛區間。

福克斯通
加萊
里爾　布魯塞爾
雷恩
巴黎
勒芒
聖皮耶爾代科爾
卡爾斯魯厄
史特拉斯堡
第戎
米盧斯
巴塞爾
波爾多
馬貢
里昂
蒙彼里埃　亞維儂
佩皮尼昂　馬賽
巴塞隆納

結，即以一個轉向架連結相鄰的兩節車輛。放眼全球，也只有法國、西班牙，以及日本以前的小田急電鐵浪漫特快採用這種方式，好處是車輛高速行駛時更加穩定，萬一不幸出軌也不容易大幅偏離軌道，缺點是車軸負荷較大。

TGV車輛多為雙層車廂也是其特色。1995年，TGV為提高巴黎至里昂這條發財路線的運輸能力，投入雙層車廂「TGV Duplex」，如今該列車馳騁於全國高速鐵路。預計於2024年問世的最新型TGV車輛也是採雙層設計。

TGV車輛的高速性能非常優秀，屢次刷新鐵路運行速度的世界紀錄。雖然TGV並非以平時營運的狀態挑戰紀錄，而是使用特別改造過的基礎建設與車輛，其技術何等優異仍可見一斑。

高速鐵路市場開放，TGV以外的高速列車加入競爭

法國國內的高速鐵路自1981年開通以來，一直是由SNCF營運的TGV獨霸天下，但是隨著2010年代歐盟「競爭法」的推動，包含高速鐵路在內的鐵路市場逐步開放，各國鐵路線經營權不再由一家鐵路業者獨占。以往法國的國際高速列車都是由SNCF與鄰國鐵路公司合作營運，現在則要面對其他對手的競爭。例如義大利國鐵公司（Ferrovie dello Stato，FS）旗下「義大利列車」（Trenitalia）的子公司「法義列車」（Trenitalia France）目前已開始於巴黎～米蘭營運列車，可以預期往後也有其他業者陸續加入市場。

SNCF也採取各種應對措施，試圖與競爭對手做出差異，比如將傳統的TGV品牌重組為「非凡TGV」（TGV inOui）與「出發TGV」（TGV Ouigo※），以部分TGV列車提供廉價乘車服務，試圖吸引平時沒有搭乘TGV習慣的客人。此外，他們更計畫於2024年投入最新型的TGV車輛「Avelia Horizon」，提高服務品質。

※Ouigo為法文Oui（Yes）＋英文go，讀音近we go，該列車品牌口號為Let's Go。

TGV Duplex

TGV為提升高速鐵路運輸能力而於1995年推出的雙層列車。機車頭設計一改傳統方方角角的造型，改用較圓滑的曲線。該車系問世以來規格不斷推陳出新，從第一代Duplex、第二代Dasye到第三代Euroduplex始終都是TGV的主力車輛，而最新的Euroduplex已於2022年年底交車。照片為法國國內專用的Euroduplex，名為「Océane」。

Euroduplex

2017年5月底，SNCF將以往的TGV列車品牌化為「TGV inOui」，「inOui」的意思是「非凡、史無前例、驚艷四方」。車輛側面的標誌也從「SNCF」更改為「TGV inOui」。

TGV Réseau Duplex

這是部分TGV Réseau的單層車輛與TGV Duplex的雙層車輛互換機車與客車後誕生的車輛。當初是為了從已經下訂的TGV Duplex中設法擠出單層的TGV POS，才會交換兩款車的機車與客車。

TGV PSE

TGV PSE是1981年亮相的第一代TGV，PSE代表巴黎-法國東南部（Paris-Sud-Est），後來稱呼簡化為TGV SE。1981年，TGV PSE的最高營運時速為260公里，部分列車經改良後提升到300公里。它長久以來都是TGV的主力車輛，但後來被其他雙層構造的TGV和TGV POS取代，2019年12月結束營運。

TGV Réseau

這是1993年開始運行的通用型TGV車輛，Réseau即法文的「網絡」。Réseau系列車型多元，例如用於法國國內，能因應兩種電源系統的列車；還有往來比利時、義大利，能因應三種電源系統的列車。TGV Réseau和TGV Duplex的車輛一度交換過，部分機車供TGV Réseau Duplex、部分客車供TGV POS使用。

TGV Duplex（TGV Lyria）

照片為TGV Lyria於2019年起營運的TGV Duplex車輛。TGV Lyria是由SNCF和瑞士聯邦鐵路（SBB）共同經營的國際鐵路服務，連結兩國都市。

TGV POS（TGV Lyria）

這部列車是以TGV Réseau舊客車與TGV Duplex新機車組成，2007年6月投入載運需求較低的LGV東線。POS（Paris-Ostfrankreich-Süddeutschland）的名稱取自當初的營運地點，分別代表巴黎、法國東部、德國南部。這款車輛於2013～2019年用於TGV Lyria的國際列車，但2019年後主要供法國國內路線使用。

TGV Atlantique

這是1989年配合LGV「大西洋線」開通而上線營運的第二代TGV，也是法國高速鐵路史上第一個營運時速達300公里的列車。有別於TGV PSE使用直流馬達且以動力轉向架連結客車，TGV Atlantique是使用交流馬達，並以非動力轉向架連結客車。

Ouigo

SNCF於2013年推出的廉價高速列車,使用車輛為TGV Duplex第二代的Dasye,但客車全數改為一般座位,載客數從原先的510人增加到634人。Ouigo的定位與TGV inOui不同,粉紅和水藍的品牌色也相當醒目。

TGV TMST(Class 373)

SNCF曾租借歐洲之星(Eurostar)使用的Class 373車輛(法國國內稱為TGV TMST[※]),用於國內TGV路線。塗裝也配合當年其他TGV的模樣,車頭和車鼻的部分塗成銀色。該車型一直到2014年都還在法國北部運行,現在已被TGV Duplex取代。

※跨海峽超級列車(TransManche Super Train)的簡稱。

Patrick

TGV為紀念暱稱「Patrick」的第一代TGV車輛PSE退役，2020年推出復刻Patrick當年亮相時的橘色塗裝車輛。

TGV La Poste

法國郵政（La Poste）於1984年推出的高速郵務列車，設計原型為TGV PSE，擁有鮮明的黃色塗裝。由於郵務需求減少，列車已於2015年停止營運。

德國城際特快車「ICE」與
串聯全國都市的高速鐵路網

德國長年以來都是在舊線上營運高速列車,第一條高速新線於1991年才開業,至今已有30年的歷史。德國的高速鐵路列車稱作「InterCity Express」(城際特快車,簡稱ICE),車輛的名稱也取作「ICE」。ICE車種豐富,從第一代的ICE 1到最新的ICE 4,車輛性能也在不斷進化。白色塗裝搭配紅色腰帶相當醒目,近年的ICE 3和ICE 4還增加了綠色腰帶。

串聯各地城市的ICE網絡

自1970年代開始,西德的「德國聯邦鐵路」(Deutsche Bundesbahn,DB)※認為國內鐵路高速化有其必要,於是開始與政府合作摸索方法,大力推動傳統輪軌式高速鐵路的建設;另一方面,也積極開發使用先進技術的磁浮列車(詳見後續內容)。

經過幾輛試驗車的嘗試,終於在1985年推出現今德國高速列車的先驅——城際試驗列車InterCity Experimental。1988年5月,該列車以時速406.9公里寫下當年運行速度的世界紀錄。第一代ICE車輛「ICE 1」便是以這款列車為基礎進行設計、建造。

西德起初以建設南北方向的高速鐵路為主,不過1990年兩德統一為德意志聯邦共和國之後,便改以建設東西方向的路線為主,作為凝聚國民向心力的重大國家計畫之一。1991年6月開通漢堡與慕尼黑之間的高速新線之後,鐵路網也逐漸延伸至德國全境。

目前德國最新的高速新線是2017年12月開通的紐倫堡～艾爾福特(Erfurt)區間,這條路線也縮短了首都柏林與慕尼黑之間的交通時間。德國仍

德國高速鐵路網

紅色為高速新線,灰色為有運行高速列車的舊線,藍色則為國際列車行駛區間。

漢堡
不來梅
漢諾威
明斯特
杜塞道夫
多特蒙德
柏林
科隆
卡瑟爾
哥廷根
哈勒
亞琛
萊比錫
法蘭克福
艾爾福特
美茵茲
福達
利希滕費爾斯
薩爾布呂肯
烏茲堡
曼海姆
紐倫堡
卡爾斯魯厄
史特拉斯堡
斯圖加特
茵格斯達
烏爾姆
奧格斯堡
慕尼黑
弗萊堡
巴塞爾

持續建設新的高速鐵路，有望進一步縮短國內移動的時間。

日本的高速鐵路是採與舊線完全分開的形式，但德國和法國則是於都會區沿用舊線，郊區才鋪設高速新線。不過德法兩國的高速新線鐵路網形狀不盡相同，法國是以巴黎為中心向外輻射狀延伸，德國則是像網格一樣串聯各地城市，這也反映了兩國人口的分布狀況。此外，法國高速新線的區間較長，能夠長時間高速運行；德國高速鐵路的路線與各站間距較短，且大部分是舊線改良而成，因此列車能以最高速度行駛的區間並不多。

造成大量傷亡的
艾雪德列車出軌事故

綜觀全世界，高速鐵路都是安全無虞的交通系統。不過，1998年6月3日德國西北部艾雪德（Eschede）卻發生了高速鐵路史上最嚴重的事故。當時從慕尼黑前往漢堡的ICE 1中段車輛出軌，轉向架直接撞上橫跨鐵路的高架道路橋梁支柱，導致橋梁崩塌與後續車輛追撞，總共造成101人死亡、105人受傷。

這一場事故有許多肇因，但是最大的問題在於運行前未能發現ICE 1新安裝的加了橡膠減震環的車輪出現金屬疲勞。事發後所有車輛都換回原本的車輪，此後再沒有發生重大傷亡事故。

化為泡影的磁浮列車
「Transrapid」

德國和日本一樣，除了運行傳統的輪軌式高速鐵路，也積

ICE 3 Velaro D（Baureihe 407）

西門子公司為德國鐵路（DB）設計的「Velaro」系列高速列車，與上一代的ICE 3相比，車內車外都煥然一新。原本預計2011年亮相，卻一再延至2013年底才開始營運。這輛車是專為國際ICE設計，具備駛入法國、比利時、荷蘭等鄰國時所需的設施和行車保安系統。

極地開發磁浮列車。德國自從1970年代便開始生產磁浮試驗車輛，但直到1983年埃姆斯蘭郡（Landkreis Emsland）的試驗線完工後，才正式開發高速列車。開發專案的名稱叫作「Transrapid」，與日本超導磁浮列車的電磁感應方式不同，是以車輛兩側包覆導軌的磁吸型磁浮列車。

1993年，Transrapid 07試驗車曾寫下時速450公里的紀錄，營運技術已臻成熟，然而同時擴張的ICE高速鐵路網逐漸遍及全國，導致磁浮列車的必要性降低。後來雖然持續研發，但目的已轉為將技術出口到尚未建設高速鐵路的國家，

而最後只有中國上海引進該項技術，於是德國於2011年結束研發。

※西德的德國聯邦鐵路（DB）與東德的德國帝國鐵路（Deutsche Reichsbahn，DR）都成立於1949年，1994年時合併為德國鐵路（Deutsche Bahn，DB）。雖然「德國聯邦鐵路」與「德國鐵路」都簡稱DB，但商標顏色有所差異。

ICE 1

ICE 1為1991年登場的第一代ICE，揭開了德國高速鐵路的序幕。每部列車皆為14輛編組，由2輛機車與12輛客車組成。這款車總共生產了60部，其中一部因艾雪德列車出軌事故而報廢。ICE 1開始營運後，西德德國聯邦鐵路試圖將技術出口至美國和臺灣等地，但最終ICE 1型車輛僅在德國國內有所發揮。上方照片為ICE 1的餐車「Bordrestaurant」，天花板比其他車廂還高，而且有天窗。

ICE 2

ICE 2是1996年問世的第二代ICE,是由1輛機車頭、6輛客車和1輛駕駛拖車[1]組成的8輛編組推拉式列車(push-pull train)[2],還可以將2部列車連結成16輛編組運行。儘管原先計畫像瑞士一樣設計成兩個方向都能以相同速度運行的列車,不過實際上,機車動作是推進還是牽引、車輛如何連結都會影響速度上限,目前最高運行時速為280公里。照片為駕駛拖車在前的模樣,控制後面的機車以推進方式前進。

[1]:雖然不具動力卻有配備駕駛室,可以控制列車編組中的動力車輛。司機僅需移動到拖車的駕駛室即可執行反向運轉。

[2]:行駛時由一端駕駛室操控機車,視前進方向推進(機車在後)或拉動(機車在前)整組列車。

ICE 3(Baureihe 403／406)

ICE 3是為1999年開通的法蘭克福～科隆區間而訂製的高速列車。這條高速鐵路與高速公路並行,且銜接法國LGV路線,基於軸重不能超過17噸等考量而設計成動力分散式列車,異於前兩代ICE。這系列車款包括德國國內用的ICE 3(Baureihe 403),與配備他國電源系統與行車安全裝置的國際列車ICE 3M(Baureihe 406)。另外還有一款ICE 3MF,是為了駛入法國而改裝的6輛編組ICE 3M。

ICE-T（Baureihe 411／415）

為了將ICE高速列車網擴及舊線而開發的車輛，配備傾斜控制系統，以期提高列車於多彎區間的行駛速度，不過最高時速仍只有230公里，不及其他專為高速運行而設計的ICE列車。這系列包含7輛編組的 Baureihe 411和5輛編組的 Baureihe 415，傾斜控制系統與義大利「Pendolino」系列相同，最大可傾斜8度。

ICE-TD Advanced TrainLab

ICE-TD[※]是為了將ICE高速列車網擴大至非電氣化區間而與ICE-T同時開發的柴聯車，同樣配備傾斜控制系統。2001年投入營運，卻由於頻頻故障導致出場機會逐漸變少。2007年起部分列車出口給丹麥國鐵，用於連結德國漢堡與丹麥首都哥本哈根的國際列車，服務至2017年退役。2018年，某部ICE-TD改造為「先進試驗列車」（Advanced TrainLab），作為測試新技術的平台。

※T代表英文「傾斜」（Tilt）或德文「列車組」（Triebzug），D代表柴油（Diesel）。

ICE 4（Baureihe 412）

2016年推出的ICE最新車型，旨在取代老化的ICE 1、ICE 2與其他動力集中式列車，設計最高時速比ICE 3系列低。它有7輛、12輛、13輛編組等不同款式，其中7輛編組的最高時速為250公里，其他編組類型的最高時速為265公里。預計ICE 4將投入137部，作為未來德國高速鐵路的主力車輛。

腰帶顏色變成綠色的車頭

某些ICE列車的車頭側邊腰帶已從紅色改為綠色，用意是彰顯高速鐵路相對於其他交通方式更加環保。

義大利主要都市呈直線狀排列，構成類似日本新幹線的高速鐵路網

義大利的高速鐵路歷史在西歐國家中也算悠久，1977年便開通了羅馬和佛羅倫斯之間的高速鐵路，平均時速為200公里，是全歐洲第一條高速新線。儘管義大利1988年才開始營運時速超過200公里的高速列車，晚了法國TGV一步，不過之後高速鐵路逐漸連結米蘭、波隆納、拿坡里（那不勒斯）和威尼斯等主要城市。西歐的標準高速鐵路與日本不同，都會區間通常是沿用舊線，不過義大利的主要城市位置大多呈直線狀排列，因此高速鐵路網的形狀又很類似日本新幹線。

▌歐洲第一條高速新線

羅馬～佛羅倫斯的傳統鐵路是串聯首都羅馬和北部主要城市的重要建設，但它是由多家民營鐵路公司於19世紀建成，構造上不適合運行高速列車。1960年代後半葉，義大利啟動路線平行於舊線的高速鐵路新線建設計畫，1970年動工。這條鐵路名為「佛羅倫斯-羅馬快線」（以下簡稱快線），意思是佛羅倫斯至羅馬間「最直接的鐵路」。

快線全長254公里，1977年2月率先開通靠羅馬段138公里的部分，成為歐洲第一條高速新線。起初使用傳統電力機車牽引客車，營運時速達200公里；1988年才推出義大利首部高速鐵路列車ETR 450，運行時速達250公里，真正達成鐵路高速化。

快線按部就班延伸，1992年5月全線通車，羅馬與佛羅倫斯之間的移動時間縮短至1小時35分鐘。由於快線的設計重點在於完善舊線機能，因此路線上雖無中途停靠站，但有許多與舊線交匯與分歧的地點，部分時速未達200公里的舊線列車也會使用這條高速新線。此外，高速新線的供電形式原先為3000伏特直流電，後來才改成歐洲標準的2.5萬伏特交流電。

▌遍布義大利全境的高速鐵路網

快線全線開通以後，義大利的高速鐵路網持續擴大；2008

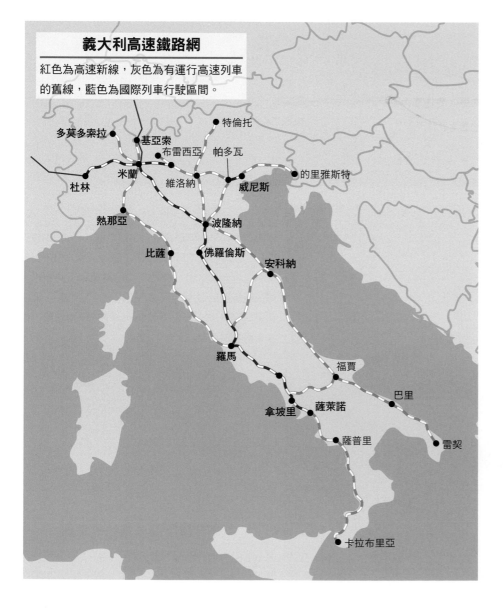

義大利高速鐵路網

紅色為高速新線，灰色為有運行高速列車的舊線，藍色為國際列車行駛區間。

多莫多索拉
基亞索
特倫托
布雷西亞
帕多瓦
米蘭
維洛納
杜林
威尼斯
的里雅斯特
熱那亞
波隆納
比薩
佛羅倫斯
安科納
羅馬
福賈
巴里
薩萊諾
拿坡里
薩普里
雷契
卡拉布里亞

年開通義大利北部米蘭～波隆納區間，2009年開通波隆納～佛羅倫斯區間，於是高速鐵路就此串聯了羅馬與米蘭兩大城市。同年，羅馬～拿坡里、米蘭～西北部杜林（Torino）的高速鐵路也陸續竣工，整個義大利北部的高速鐵路網正式完成。未來也預計建設米蘭至觀光勝地威尼斯，還有拿坡里至義大利南部的高速鐵路。

義大利的高速列車自從1997年起，便是以「義大利歐洲之星」（Eurostar Italia）作為品牌名稱營運（與連接英國、法國、比利時的歐洲之星無關），2012年後品牌更名為「箭」（Frecce）系列，分成三種：最高時速超過300公里的「紅箭」（Frecciarossa）、時速250公里的「銀箭」（Frecci-argento）以及時速200公里的「白箭」（Frecciabianca）。

義大利發明的傾斜列車「Pendolino」

義大利高速鐵路車輛的特色之一在於，為部分車輛配備了傾斜控制系統。上一頁提過的ETR 450在高速線上的運行時速為250公里，而在舊線上也能於過彎時透過傾斜車身取代減速，維持高速運行。

這些配備了傾斜控制系統的高速列車稱作「Pendolino」（鐘擺），不僅在義大利國內運行，也出口至許多國家。不過傾斜控制系統會限制車輛高

ETR 400／ETR 1000

ETR 400又稱ETR 1000（紅箭1000）※，是2015年問世的義大利高鐵旗艦車，由跨國公司龐巴迪（Bombardier）和義大利車廠安薩爾多百瑞達（AnsaldoBreda）共同開發。安薩爾多百瑞達於2015年被義大利日立軌道公司（Hitachi Rail Italy，HRI）合併後，仍繼續生產這款車輛。主要運行於杜林～米蘭～羅馬～拿坡里間的主要幹線，儘管設計時速最高可達400公里，但考量到成本效益，實際營運時速限於300公里。除了在義大利境內運行之外，也由義大利列車子公司在法國營運，2022年開始於西班牙營運。

※義大利歐洲之星也採用ETR 400，改稱為ETR 1000或Frecciarossa 1000。

速運行的性能，所以義大利依舊存在專門行駛於高速鐵路而不配備傾斜控制系統的傳統高速列車，形成了每天有不同控制系統的車輛在高速鐵路上運行的現狀。

隨著高速鐵路市場開放競爭愈加明顯

長久以來，義大利的高速列車皆由義大利國鐵公司旗下的義大利列車公司壟斷，但近年也開始配合歐盟方針，逐步開放高速鐵路市場。義大利比其他國家更早開放，2012年4月便出現民營鐵路公司「新客運」（Nuovo Trasporto Viaggiatori，NTV」加入市場競爭。

NTV使用的車輛與義大利列車公司的不同，為法國生產的ETR 575和ETR 675。起初只於拿坡里～羅馬～米蘭區間運行，現在營運路線已經擴展至威尼斯和杜林，未來計畫增加更多停靠站。

ETR 575

ETR 575是由法國阿爾斯通（Alstom）開發的動力分散式電聯車，稱作「Automotrice à Grande Vitesse」（意即高速列車，簡稱AGV），與TGV形成對比。原本是為了打入中國市場而開發的列車，不過義大利高速鐵路市場開放後，歐洲首家民營高鐵公司NTV為了與義大利列車公司競爭，於2012年引進這款車輛並以「.italo」之名開始營運，最高時速300公里[※]，早期只運行於米蘭～拿坡里區間，現在已擴展到威尼斯和薩萊諾（Salerno）。

※法國阿爾斯通原版ETR 575的最高時速為360 公里。

ETR 675

這是NTV於2017年引進的第二款.italo高鐵車輛，為義大利「阿爾斯通鐵路公司」（2000年收購飛雅特鐵路公司）的最新車款，不具備傾斜控制系統，最高時速250公里，主要運行於舊線，可因應2.5萬伏特交流電與3000伏特直流電兩種電源。

ETR 450

ETR 450為義大利「飛雅特鐵路公司」（FIAT Ferroviaria）開發的傾斜式高速列車，是義大利第一輛高速鐵路車輛，也是第一代Pendolino。車身在過彎時最多可傾斜8度，因此於舊線上也能保持高速行駛，而在高速新線上的營運時速則有250公里，大幅縮短了交通時間。1988年於羅馬～米蘭區間亮相，原本最高營運時速250公里，但2004年傾斜控制系統停止運作，時速降至200公里，之後隨著新款高速列車登場而於2015年退役。

ETR 460

ETR 460是由飛雅特鐵路公司開發生產，1994年開始營運的第二代Pendolino（左上），只適用於義大利舊線與快線的3000伏特直流電系統。另有專為駛入瑞士而設計的國際列車「Cisalpino」用ETR 470，與適用2.5萬伏特交流電的ETR 485等衍生車型。ETR 460系列車輛只須配合少許的基礎建設投資，即可輕易完成舊線高速化，因此許多衍生車款也出口至斯洛維尼亞、葡萄牙、芬蘭、捷克和西班牙等國。目前ETR 460用於義大利歐洲之星的白箭列車，塗裝也更改為白箭專用的白底搭配紅線條（右上）。

ETR 600

ETR 600是飛雅特鐵路公司被法國阿爾斯通收購後開發的Pendolino系列進化版車輛，俗稱「New Pendolino」系列的首款列車，2008年投入營運以來主要用於義大利歐洲之星的銀箭列車。該系列還包含為了駛入瑞士和德國而設計的ETR 610。ETR 600系列也像Pendolino系列一樣出口至許多國家，波蘭、西班牙和中國都能看到衍生車型。

ETR 500

ETR 500是義大利第一款沒有配備傾斜控制系統的動力集中式高速列車，專為長途行駛高速線而設計。第一代ETR.500（左上）於1993年投入使用，機車頭只能配合快線與舊線的3000伏特直流電系統，在低電壓的快線最高時速只有250公里。由於後續新建的高速鐵路採用2.5萬伏特交流電系統，機車頭部分也全面更新成能因應多種供電系統的設計。2006～2008年，新機車陸續與原有客車連結，化身第二代ETR 500（右上），最高時速提升到300公里。至於替換下來的舊機車則與其他客車組合，用於白箭列車和舊線城際特快車（左）。

ETR 700

ETR 700原本是安薩爾多百瑞達公司為荷蘭與比利時跨國高速列車「Fyra」所生產的車輛，但2011年實際營運後狀況百出，於是遭到退貨。2017年義大利列車公司收購這款列車並加以改造，重新命名為ETR 700，2019年起用於義大利歐洲之星的銀箭列車。

鐵路發源國英國
也採納日本高速鐵路技術

英國雖然以身為鐵路發明國聞名，高速鐵路歷史卻意外地短。儘管英國自1970年代起便於既有路線營運時速200公里的列車，但第一條高速新線卻遲至2003年才開通。

擺脫國鐵低潮期
推動鐵路高速化

英國自蒸汽機車時代開始，便憑藉鐵路發明以來卓越的相關技術持續提升營運速度，並與同屬鐵路先進國的德國、美國競爭。1938年7月3日「野鴨號」（Mallard）創下蒸汽機車運行時速203公里的世界紀錄，至今尚未被打破，英國鐵路更從此迎來了黃金時代。然而，英國在第二次世界大戰後雖然屬於戰勝的一方，國家卻陷入了財政危機。戰爭期間大量使用鐵路造成了基礎設施耗損，加上汽車開始普及化的浪潮，使當時國有化的英國國鐵（British Railways，BR）陷入一陣低迷。

1970年代，日本和法國陸續建設高速鐵路，英國國鐵也開始研擬列車高速化。不過英國礙於國鐵資金有限，而且既有路線又剛好適合高速行駛，所以將重點擺在開發新型車輛，以提升舊線營運速度。開發計畫的核心車款為「先進旅客列車」（Advanced Passenger Train，APT），1979年創下了英國鐵路的運行時速紀錄——261公里。

然而，該車輛使用了大量先進但未臻成熟的技術，因此故障頻傳，以致該計畫於1986年喊停，而與APT同時開發的「高速列車」（High Speed Train，HST）取而代之成為主力列車。HST是採用既有技術的柴聯車，性能比APT更穩定，1976年更成為英國首列、也是繼新幹線之後史上第二款

英國高速鐵路網

紅色為高速新線，灰色為舊線，
藍色為國際列車行駛區間。

格拉斯哥
愛丁堡
卡萊爾
紐卡斯爾
利物浦
里茲
約克
曼徹斯特
唐卡斯特
克魯
雪菲爾
德比
伯明罕
萊斯特
米爾頓凱恩斯
加地夫
布里斯托
倫敦
福克斯通
加萊

營運時速達200公里的列車，此後持續奔馳了40年※。

2012年，跨國公司日立製作所（Hitachi, Ltd.）接受委託生產BR Class 800系列，以汰換老舊的HST。2015年，在日本與英國分廠製造的BR Class 800系列基本上屬於電聯車，但是部分車輛配備了柴油發電機，因此也能夠像柴聯車一樣在非電氣化區間行駛。

英國史上第一條 高速新線「HS1」

英國長期致力於將舊線高速化，儘管最後並未完全實現，仍然嘗試將部分區間的最高運行時速提升至225公里。英國國內第一條與舊線分開的高速新線於2003年開通，但使用的列車卻是已經跑了將近10年的舊車。

英國長久以來都有挖掘海底隧道來連通歐洲大陸的構想，但直到1994年11月，透過英法海底隧道連接倫敦、巴黎和布魯塞爾的國際高速列車「歐洲之星」開通才真正實現。當時比利時和法國已經開通高速新線，英國卻尚未完成建設，因此歐洲之星在英國端仍得於舊線上行駛，而且為配合英國東南部特殊的第三軌供電系統，車輛上也配備了相關設備。

2003年，英國高速新線「高速1號線」（HS1）部分通車，2007年全線通車。自此，歐洲之星駛入英國後再也不必使用

歐洲之星的終點站

歐洲之星1994年開通之初，倫敦端的終點站為滑鐵盧車站。2007年HS1全線通車後，終點站便轉移至照片中的聖潘克拉斯國際車站（St Pancras international）。這裡原本是1868年開業的傳統鐵路車站，後來耗時3年多、斥資800萬英鎊（約3.2億新臺幣）改造成歐洲之星的車站。

舊線，撤除布魯塞爾和巴黎近郊，全線均為高速新線，移動時間也比開通初期縮短許多，倫敦～巴黎的交通時間從2小時56分鐘大幅縮短至2小時15分鐘。

HS1上不僅有國際高速列車營運，2009年起也銜接舊線，開始運行國內列車。使用的車輛為日立製作所的BR Class 395，最高運行時速225公里，其可靠度與高速性能優異，甚至促使英國日後決定引進BR Class 800系列車輛作為舊線列車。

英國次世代 高速鐵路「HS2」

2000年代以後，英國的鐵路需求持續增加，然而舊線改良與高速化的效果有限，因此英

國開始研擬建設高速新線，以增加現有路線的容量、加速城際運輸。新建的高速鐵路於2020年動工，承襲HS1取名為「HS2」。該計畫分成數個階段，第一階段預計於2027年開通倫敦～伯明罕（Birmingham）的區間。

HS2使用的車輛是由日立製作所歐洲總部「日立鐵路歐洲公司」（Hitachi Rail Europe）與德國龐巴迪共同製造，相信日本的高速鐵路技術未來也將繼續於英國大放異彩。

※英國鐵路私有化後，目前繼續使用HST列車。

BR Class 374／「歐洲之星e320」

2015年登場的歐洲之星新型車輛，設計最高時速正如其名高達320公里，但於目前路線上的最高營運時速為300公里。這款車是西門子「Velaro D※」系列的一員，對擁有歐洲之星55％以上股權的法國國鐵來說，選擇使用非法國製造的車輛實屬罕見。歐洲之星的路線連接倫敦、巴黎、布魯塞爾，2018年起也通往阿姆斯特丹。

※D代表德國（Deutschland）。

歐洲之星e320的一般車廂，座位配置為2＋2排。

BR Class 373／「歐洲之星e300」

歐洲之星1994年開業以來使用至今的第一代車輛，設計參考法國TGV的動力集中式列車，並且使用關節式轉向架。特色為列車中央可以分開，兩半列車皆有運行能力，以防在英法海底隧道內碰上緊急狀況。

BR Class 395

是日本日立製作所生產的列車，與JR九州885系和JR西日本683系列車一樣採用「A-train※」技術。主要運行於英國東南部的新舊線直通列車，於高速新線區間的最高時速為225公里，於舊線區間的最高時速為160公里。儘管其行駛路線包含高速新線，但定位上較偏向通勤型、近郊型列車，車內僅有一般車廂而沒有頭等車廂等分級。

※A代表Advanced、Amenity、Ability、Aluminum。以鋁合金擠壓成型技術結合攪拌摩擦焊接，提升車體強度與隔絕噪音的效果，並大幅減少列車生產時所需零件數目以減輕車體的重量。

BR Class 373

BR Class 373是與歐洲之星一同亮相的黃白色塗裝列車，編組長達20輛，所以與機車頭相鄰的客車端也安裝了動力轉向架。

BR Class 800系列（Azuma）

BR Class 800系列自2017年投入營運至今，運行路線已涵蓋各大幹線，儼然成為英國鐵路車輛的代表。雖然車輛屬於日本日立製作所，但實際製造和保養都是由當地的日立鐵路歐洲公司負責執行。其基礎設計為電聯車，但部分車輛配備柴油發電機，可行駛於非電氣化區間。照片為倫敦東北鐵路（LNER）擁有的「Azuma※」，主要路線串聯了倫敦、英國北部以及蘇格蘭首都愛丁堡。

※日文漢字「東」的其中一個發音。

BR Class 370（APT）

BR Class 370也稱為先進旅客列車（APT），是英國國鐵為了提升舊線速度傾盡先進技術開發的新希望，但是可靠度欠佳而未能長期營運。目前有一部保存於英國北部克魯（Crewe）的鐵路博物館。

前進西海岸（Avanti West Coast）
BR Class 390「Pendolino」

由法國阿爾斯通生產的車輛，主要運行於倫敦與蘇格蘭格拉斯哥（Glasgow）之間，採用電動式傾斜控制系統，能夠高速通過彎道，縮短移動時間。

大西部鐵路（GWR）HST

這是英國第一部營運時速穩定達到200公里的HST，於主要幹線服務至2010年代後半，現在大部分已縮短編組，轉而服務地方支線。早期車輛的客車門為手動開關，如今已經更新為自動門。

LNER IC 225

IC 225是只有一個機車頭、一輛駕駛拖車的推拉式列車,與Azuma同樣用於串聯倫敦、英國北部以及愛丁堡的列車,名稱代表設計最高時速225公里,但由於軌道方面的安全系統並不完善,因此營運時速限制在200公里。

LNER Class A4蒸汽機車

照片為1938年創下蒸汽機車速度世界紀錄的「野鴨號」,目前保存於約克(York)的國家鐵路博物館。

西班牙的
高速鐵路

西班牙高速鐵路全長位居世界第二，以獨特車輛技術聞名世界

西班牙於1992年開通第一條高速鐵路，連接首都馬德里和南部第一大城塞維亞（Seville）。其後，全國高速鐵路網陸續開通，截至2023年5月為止西班牙的高速鐵路總長達到3966公里，成為歐洲最長、世界第二長的高速鐵路網，僅次於中國。

目前西班牙的高速鐵路主要是由西班牙國鐵（renfe）營運，主要使用車輛名為「西班牙高速」（Alta Velocidad Española，AVE），不過西班牙的高速列車種類豐富，除了西班牙生產的車輛以外，也有來自法國、義大利和德國的高速列車。

發跡於西班牙南部的AVE

西班牙的高速鐵路建設計畫始於1980年代，最初建設的路線是首都馬德里至南部安達盧西亞地區（Andalucía）塞維亞全長472公里的區間，1989年動工，並於1992年4月配合塞維亞世界博覽會（Expo'92）通車。

AVE這個詞在西班牙語中也有鳥的意思，因此車輛標誌採用鳥的形象。開通之初，馬德里到塞維亞的移動時間（中途不靠站）為2小時45分鐘，比舊線快了一半以上。高速新線在兩城之間的運輸模式轉變（modal shift）[1]上具有明顯效益，開通前一年的1991年與開通後的1994年相比，選擇搭乘飛機的民眾比例從40％減少至13％，反觀搭乘鐵路的民眾比例從16％增加至51％。

通往塞維亞的南部路線收到成效之後，西班牙全國的高速鐵路網愈趨完善。西班牙的高速鐵路網基本上都是由馬德里向外輻射狀延伸，主要幹線包含通往巴塞隆納的東北走廊、通往大西洋沿岸的西北走廊，以及通往地中海沿岸瓦倫西亞（Valencia）的東走廊。而連通巴塞隆納與法國佩皮尼昂（Perpignan）的國際高速線也於2013年落成，可與TGV互通往來。

AVE並不是西班牙唯一的高速列車

西班牙其實有很多種高速列車，AVE只是西班牙國鐵旗下最高級別且專供長途運輸用的車輛，另有較適合地方中程運輸的Avant，還有可以從標準軌（軌距1435毫米）高速新線直接駛入寬軌（軌距1668毫米）舊線的Alvia。這些列車的最高時速為250公里，雖然不及時速310公里的AVE，但扮

西班牙高速鐵路網

紅色為高速新線，藍色為國際列車行駛區間。

拉科魯尼亞
聖地牙哥康波斯特拉
奧倫塞
維戈
薩納布里亞
萊昂
帕倫西亞
薩莫拉
瓦拉多利德
梅迪納德爾坎波
塞哥維亞
韋斯卡
薩拉戈薩
萊里達　巴塞隆納
菲格拉斯
佩皮尼昂
赫羅納
塔拉哥納
托爾托薩
卡拉泰烏德
馬德里
瓜達拉哈拉
昆卡
托雷多
卡斯特利翁
雷克納
瓦倫西亞
雷阿爾城
阿爾瓦塞特
比列納
普埃爾托利亞諾
奧里韋拉　阿利坎特
莫夕亞
哥多華
赫尼爾-埃雷拉
格拉納達
塞維亞
安特克拉
馬拉加
卡迪斯

演了不同的角色。

如今西班牙高速鐵路市場開放，2021年5月10日法國國鐵（SNCF）的子公司「出發西班牙」（Ouigo España）加入市場，營運區間為馬德里～巴塞隆納，與法國的Ouigo列車一樣主打廉價高鐵，與廉價航空競爭。對此，西班牙國鐵也於2021年6月推出「廉價高鐵」（Alta Velocidad Low Cost，Avlo）[2]，在相同的區間互別苗頭。

因應國情設計的獨特高速列車

西班牙高鐵使用的「輕量化鉸接列車」（Tren Articulado Ligero Goicoechea Oriol，Talgo）擁有相當特別的技術，一般鐵路車輛是由四輪轉向架支撐，Talgo則是以兩個車輪支撐相鄰的兩節車輛，而且兩輪之間沒有連接的車軸。這項獨特設計的優點在於，高速過彎時可以保持車身穩定、車內安靜，缺點是荷重較低，因此客車普遍較小。Talgo的客車早期就具備軌距變換功能，能夠在西法邊境更換機車後直接跨國運行。

Talgo還有一個特徵：部分車輛可以在行駛過程改變車輪間距。不同於其他西歐國家，西班牙和葡萄牙的傳統鐵路都採用寬軌形式（軌距1668毫米的伊比利亞寬軌），不過西班牙高鐵為了與法國相接而採用標準軌規格，以至於高速鐵路和傳統鐵路的軌距不同，情況類似日本新幹線。在高速新線與舊線之間往來的Alvia為因應上述情形，採用了軌距可變列車（trenes con cambio de ancho，日本稱為Free Gauge Train，FGT），包含S-130（第104頁）與其親戚S-730，以及電聯車型的S-120和S-121。

※1：人們對於交通工具的選擇改變，從汽車、飛機等對環境造成較大負擔的類型，轉換成鐵路等對環境造成較少負擔的類型。

※2：Avlo列車的最高時速為310公里。

AVE S-100

1992年與高速鐵路同時啟用的西班牙首款高速列車。車輛原型為法國TGV Atlantique，由2輛機車和8輛客車構成10輛編組。起初，部分列車計畫只用於舊線快車「Euromed」，因此轉向架設計成寬軌專用的規格，但現在已全數改造並應用於高速鐵路。AVE S-100主要運行於馬德里～塞維亞，部分列車也用於通行法國里昂和馬賽（Marseille）的國際線。2023年起預計逐步汰換成Talgo新型車輛S-106。

AVE S-102／112

AVE S-102／112是西班牙鐵路車輛製造商Talgo於2005年先後推出的同系列高速列車,皆由2輛機車和12輛客車構成14輛編組,S-102可載運318人;S-112可載運365人。該系列的特色是各車廂以無車軸雙車輪支撐銜接,車頭形似鴨嘴。部分S-112目前已更新規格,轉用於西班牙國鐵營運的廉價高速鐵路Avlo。

Talgo車輛獨特的客車連結方式。

S-112的一般座位。

車內還有自助吧,提供輕食與飲料。

車內螢幕會顯示行駛路線,這張照片剛好記錄了當時的運行時速為288公里。

Alvia S-130

S-130是Talgo專門為Alvia開發的軌距可變列車,可以在銜接高速新線(標準軌,2.5萬伏特交流電)與舊線(寬軌,3000伏特直流電)專用的設施上降低行駛速度,自動切換輪距和電源系統。它在標準軌高速新線上的最高時速可達250公里,在寬軌舊線上為220公里。該系列還有一款S-730,前端機車頭之後安插了一輛柴油發電機車,可以在非電氣化區間運行。(S-730的照片請見第27頁)

Avant S-104

S-104於2003年推出，用於連結地方區間的中程高速列車Avant。其原型是義大利飛雅特鐵路公司「Pendolino」系列的ETR 460，但沒有傾斜控制系統。最高時速為250公里，比其他AVE列車慢。

AVE S-103

S-103是西班牙國鐵為了馬德里～巴塞隆納高速鐵路所訂購的新型列車之一，由西門子負責製造。原型為ICE 3，同樣為8輛編組。主要用於兩城間的直達列車，單程耗時2.5小時，最高營運時速310公里。2006年7月在試驗中飆出時速403.7公里的紀錄，寫下西班牙鐵路速度新高且至今未被打破。

瑞士擁有全世界最長的鐵路隧道，還能看到各國列車來來去去

瑞士坐落群山之中，原有的鐵路又陡又蜿蜒，因此鐵路高速化的難度比其他歐洲國家更高。不過2000年代以後，隧道施工與各項建設技術更加發達，地形複雜的瑞士終於得以開通高速鐵路。

瑞士國內營運時速超過200公里的高速鐵路，大多穿過長長的隧道，且彎曲和坡度較少而近乎直線。例如2007年中開通，全長34.6公里的勒奇山基線隧道（Lötschberg Base Tunnel），

或是2016年開通，全長57.1公里的哥達基線隧道（Gotthard Base Tunnel）；後者是世界上最長的鐵路隧道，長度超越日本青函隧道（53.85公里）。

瑞士第一條營運時速達200公里的路線，是2007年底開通的馬特斯泰滕-羅特里斯特新線（Mattstetten-Rothrist new line）。該線有很長一段區間位於淺層地下隧道，旨在縮短伯恩（Bern）和蘇黎世等主要城市間的移動時間、改善兩座車站的

車班連結，兩城間的移動時間因此縮短至56分鐘。

國營瑞士聯邦鐵路（SBB）的第一款高速列車是2000年開始營運的RABDe 500，最高時速200公里。現在的主力車款則是2019年推出的RABe 501，最高時速250公里。

此外，瑞士的高速鐵路也連接德國、法國和義大利等鄰國發達的高速鐵路，因此可以看到來自各國、形形色色的高速列車在瑞士境內來來去去。

RABDe 500

RABDe 500又稱InterCity-Neigezug（意為可傾斜城際列車，簡稱ICN），是由龐巴迪和阿爾斯通於瑞士當地共同開發的高速列車，具備傾斜控制系統，2002年配合Expo.02博覽會上線營運。設計上為7輛編組，可將2部列車連結成14輛編組運行。

RABe 503（ETR 610）

RABe 503是義大利阿爾斯通（前飛雅特鐵路公司）為瑞士製造的「Pendolino」系列車輛，與RABDe 500不同的地方在於配備了飛雅特開發的傾斜控制系統。目前用於瑞士與德國、義大利間的國際列車「EuroCity」，舊稱「Cisalpino」。

RABe 501

RABe 501是瑞士施泰德鐵路集團（Stadler Rail）製造的新型高速列車，2019年開始營運，曾在哥達基線隧道中創下275公里的最高運行時速。

奧地利近10年才出現高速鐵路，而且擁有與瑞士高鐵類似的特徵

奧地利和瑞士一樣地形多山，許多路線不適合高速運行，因此2010年代才出現高速鐵路。目前奧地利已鋪設多條設計時速超過200公里的路線，例如連接首都維也納與薩爾茨堡（Salzburg）的西部鐵路（Westbahn）之中，聖波爾坦（Sankt Pölten）～維也納的區間，以及奧地利西部因斯布魯克（Innsbruck）附近的拉德費爾德（Radfeld）～鮑姆基興（Baumkirchen）區間。其他高速新線也在持續建設，其中長達55公里的布倫納基線隧道（Brenner Base Tunnel）預計會成為世上第二或第三長的鐵路隧道。

2008年，奧地利聯邦鐵路（ÖBB）開始營運時速可達230公里的Railjet，並採用推拉式列車，不僅於奧地利國內運行，也會駛入捷克、德國和匈牙利等鄰國。另外有一家名為WESTbahn的鐵路公司與ÖBB競爭，主要於維也納～薩爾茨堡～慕尼黑的區間營運最高時速200公里的列車。

Stadler KISS※

屬於民營鐵路公司「WESTbahn」，營運範圍包含維也納～慕尼黑，使用雙層車輛、6輛編組，最高時速為200公里。

※「舒適、創新、具有衝刺能力的郊區列車」（Komfortabler Innovativer Spurtstarker S-Bahn-Zug）的縮寫。

Railjet

運行於奧地利、捷克、德國、義大利、匈牙利、瑞士和斯洛伐克的動力集中式高速列車，奧地利的Railjet一律採酒紅色塗裝。由西門子製造的「歐洲短跑健將」（EuroSprinter）電力機車與專用客車組合而成，營運時速最高可達230公里。

基於義大利的可傾斜車輛開發而成，成功實現舊線高速化

Alfa Pendular（Série 4000）

葡萄牙國鐵（Comboios de Portugul，CP）為提高舊線列車速度，引進這款具備傾斜控制系統的電聯車。以義大利Pendolino系列為基礎進行研發，最高營運時速220公里，主要行駛於首都里斯本～波多（Porto）之間的幹線，也連結法羅（Faro）、布拉加（Braga）等地。照片為其首次亮相的外觀；2017年之後列車更新，塗裝也更改為銀色和黑色。

高速串聯法國、比利時、德國、荷蘭等國的主要都市

Thalys PBKA

歐洲之星集團「大力士」（Thalys）品牌※的旗艦列車，PBKA代表其通行的幾座城市：巴黎、布魯塞爾、科隆和阿姆斯特丹。Thalys PBKA於1998年問世，由類似TGV Duplex的圓弧造型機車和單層客車組成，可使用四種電源（2.5萬伏特交流電、1500伏特直流電、比利時的3000伏特直流電、德國的1.5萬伏特低頻交流電）。
※Thalys 品牌已於2023年10月消失，改為單一名稱Eurostar。

Intercity Direct

2013年12月，運行於荷比國際高速線的列車「Fyra」更名為「城際直達」（Intercity Direct），主要運行於荷蘭國內的阿姆斯特丹～布雷達（Breda）區間，部分路線延伸至比利時的布魯塞爾。使用車輛為「TRAXX」系列的電力機車與ICRm客車，最高時速160公里。2023年4月19日起，使用車輛將逐步更新為「新一代城際客車」（InterCity Nieuwe Generatie，ICNG），運行時速也提高至200公里。

V250

這是荷比高速鐵路列車Fyra所使用的車輛，2012年12月開始營運，但只營運了短短39天，便因為狀況百出而全數停運。荷蘭國鐵（Nederlandse Spoorwegen，NS）和比利時國鐵（Nationale Maatschappij der Belgische Spoorwegen，NMBS/SNCB）甚至為此向義大利製造商安薩爾多百瑞達求償。目前V250已經由義大利列車公司重新改造，更名ETR 700並在義大利運行。

Thalys PBA

1996年Thalys開業時推出的第一批高速列車，編組參考TGV Réseau，塗裝經過重新設計。Thalys PBA串聯了巴黎、布魯塞爾和阿姆斯特丹，沒有進入德國。

4　世界高速鐵路

第四章接著介紹其他歐洲國家與俄羅斯、美國、中東、非洲等世界各地的高速列車。

　　俄羅斯的高速列車沿用舊線；美國採用與法國TGV相同的動力方式。除此之外，許多國家的高速鐵路技術也都是從法國、德國、西班牙等鐵路先進國家引進，以下將介紹這些國家琳瑯滿目的列車。

專用高速新線尚在建設，
目前沿用舊線營運

遊隼號的一般車廂，座位配置為2＋2排。

列車中央有自助吧，可以購買輕食等。

遊隼號（Sapsan）

此為俄羅斯的主力高速列車，2009年開始於莫斯科～聖彼得堡區間營運。Sapsan即俄文的遊隼。以西門子的Velaro系列為基礎進行開發，因此型號稱作「Velaro RUS」。由於俄羅斯尚未完成高速鐵路專用線，所以目前是於既有鐵路上營運，最高時速可達250公里；2010年也開始運行於莫斯科～下諾夫哥羅德（Nizhny Novgorod）區間。遊隼號為10輛編組，至多可連結成20輛編組。由於俄羅斯侵略烏克蘭，未來國際對於遊隼號的技術支援恐將喊停。

ER200

誕生自1974年蘇聯時代的里加車廠（Rīgas Vagonbūves Rūpnīca，RVR），最高時速200公里。1984年開始運行莫斯科～列寧格勒（1991年蘇聯解體後更名為聖彼得堡）區間，一直到2009年才被遊隼號取代。照片為保存於聖彼得堡鐵路博物館的其中一部。

獵鷹號（Sokol）

Sokol意即獵鷹，是接班ER200的俄羅斯國產高速列車。該列車於2000年開始製造，設計最高時速250公里，但2002年生產計畫中止，改從國外進口高速鐵路車輛。目前留下的列車保存於聖彼得堡鐵路博物館。

使用義大利阿爾斯通製車輛，從赫爾辛基至聖彼得堡只需3.5小時

Sm6 Allegro

國際列車「快板號」（Allegro）是由俄羅斯國鐵（Rossiyskie Zheleznye Dorogi，RZD）和芬蘭國鐵（Valtion Rautatiet，VR）合資成立的卡列里安鐵路公司（Karelian Trains）營運，最高時速220公里，約莫3.5小時即可從芬蘭首都赫爾辛基抵達俄羅斯聖彼得堡。使用的車輛Sm6 Allegro於2010年問世，是阿爾斯通New Pendolino系列的一員。芬蘭與俄羅斯的鐵路軌距為1520毫米的寬軌，自列寧格勒時代起就有列車直達赫爾辛基。

挪威最高速列車從機場到市區只要19分鐘

Type 71 Flytoget

挪威最快的列車。1998年開始投入奧斯陸機場的「飛行列車」（Flytoget），2003年起將最高營運時速160公里提升到210公里，機場到市區單程只需19分鐘。

配備傾斜控制系統，
以一端機車操控的推拉式列車

X 2000

1990年，瑞典國家鐵路（Statens Järnvägar，SJ）為了提升舊線運行速度，將新開發的傾斜控制系統安裝於這部編組一端為電力機車的推拉式列車。型號名稱為X2，品牌名取作「X 2000」，最高營運時速200公里。X 2000問世時只有頭等車廂，1995年之後才加入二等車廂。於瑞典營運的X2列車自2021年起陸續改良並更新塗裝。

X3

X40

於1999年問世，用於斯德哥爾摩中央車站～阿蘭達機場的機場快線「Arlanda Express」，最高時速200公里。

2006年亮相的近郊型中程電聯車，由法國阿爾斯通製造，可採2輛或3輛編組，是瑞典第一款全雙層車廂的車輛，最高時速200公里。

2017年停止營運
向德國借來的車輛

ICE-TD

配備西門子和龐巴迪開發之傾斜控制系統的柴油動力機車，德國鐵路（DB）於2001年率先投入使用，2007年出借給丹麥國鐵（Danske Statsbaner，DSB），運行於德國漢堡～丹麥首都哥本哈根區間。然而，ICE-TD的整修費用高昂，維持營運困難，因此2017年全數被DSB的IC3取代。照片為當初DSB借來的其中一部ICE-TD，擁有獨特的塗裝。

進口義大利阿爾斯通製車輛，
但不具備傾斜控制系統

ED250

這是義大利阿爾斯通專為出口波蘭設計的列車，以Pendolino系列為基礎進行研發，但沒有傾斜控制系統。設計最高時速為250公里，不過2014年開始將營運時速限制在200公里。

由奧地利與捷克國鐵營運的
動力集中式列車

Railjet

由奧地利聯邦鐵路和捷克國鐵（Českédráhy，ČD）
營運的動力集中式高速列車。由於列車往來兩國，因
此雙方都擁有幾乎相同的列車。不過捷克國鐵所有的
Railjet塗裝是以藍色為基調。

ČD 680

捷克2006年自義大利引進的Pendolino系列車輛，原型為ETR 470，主要用於捷克首都布拉格
和奧斯特拉瓦（Ostrava）之間的「超級城市列車」（SuperCity），最高時速200公里。

與法國TGV同樣採用動力集中式列車
預計2023年投入新型車輛

Acela

美國國鐵（Amtrak[1]）於1990年代曾考慮將東岸華盛頓特區和紐約之間的鐵路高速化，也曾進口多國高速列車比較，如德國ICE 1、瑞典X2（X 2000）等的樣品列車，最終決定參考法國TGV。美國於2000年開始營運名為「Acela[2]」的列車，與TGV同樣為動力集中式車輛，波士頓～紐約～華盛頓特區的交通時間約6小時40分鐘，部分區間的最高時速可達240公里。配備傾斜控制系統，過彎時也能維持高速；編組為2輛機車和6輛客車，其中有4輛商務車廂、1輛餐車、1輛頭等車廂。預計2024年起將以類新型TGV車款「Avelia Liberty」汰換第一代Acela。

※1：由America和track組合而成。

※2：由「加速」（acceleration）及「卓越」（excellence）組合而成。

頭等車廂內景（座位配置為2＋1排）

頭等車廂的餐點

Acela之前的美國製高速電車「Metroliner」

以最高時速250公里
連接土耳其首都與最大城

高速列車
（Yüksek Hizli Tren，YHT）

這也是土耳其國鐵營運的高速列車 —— 2009年引進的西門子Velaro系列車輛（HT 80000），於高速新線的運行時速可達300公里。照片攝於2016年柏林國際運輸展覽會。

土耳其國鐵HT 65000

由土耳其國鐵（Türkiye Cumhuriyeti Devlet Demiryolları，TCDD）營運，連接伊斯坦堡和首都安卡拉的高速列車。車輛設計參考西班牙國鐵營運的S120，最高時速為250公里。

摩洛哥的
高速鐵路

技術參考法國TGV，
最高時速320公里

神駒號（Al Boraq）

由摩洛哥國鐵（Office National des Chemins de Fer，ONCF）自2018年起營運的高速列車，原型為法國TGV Euroduplex，目前行駛於卡薩布蘭卡（Casablanca）～丹吉爾（Tanger），最高時速320公里。

技術參考西班牙列車，串聯伊斯蘭教兩大聖地

Haramain高速鐵路

由西班牙國鐵參與建設，2018年開始營運的高速鐵路，連接麥加和麥地那（Medina）兩大伊斯蘭教聖地。串輛設計也是參考Talgo S-102。

使用西班牙 Talgo 車輛，串聯烏茲別克首都與古都

Afrosiyob

2011年開始運行，連接首都塔什干和撒馬爾罕的高速列車，名稱源於撒馬爾罕北部遺跡的名字。使用車輛是以Talgo S-130為基礎進行開發，專用路線最高設計時速為250公里。

鐵路是環保的交通系統

如今，減緩全球暖化現象刻不容緩，我們也經常聽到各領域採取的減碳行動。舉例來說，汽車是排放二氧化碳的主要原因之一，而未來如何減少碳排放量，是全球關注的一大問題。

鐵路是二氧化碳排放量最少的交通工具

左頁圖表為日本2019年度碳排放量的統計圖，碳排放總量約為11億800萬噸，交通運輸方面占了18.6%，其中汽車占16%，而鐵路僅占0.71%（787萬噸）。換句話說，鐵路是碳排放量最少的交通工具。

計算碳排放量的方法有幾種，

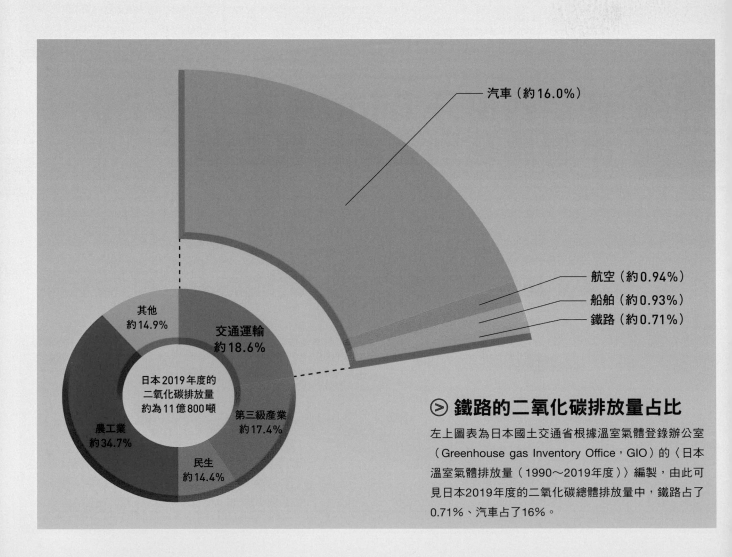

汽車（約16.0%）

航空（約0.94%）
船舶（約0.93%）
鐵路（約0.71%）

其他
約14.9%

交通運輸
約18.6%

日本2019年度的
二氧化碳排放量
約為11億800噸

農工業
約34.7%

第三級產業
約17.4%

民生
約14.4%

⊙ 鐵路的二氧化碳排放量占比

左上圖表為日本國土交通省根據溫室氣體登錄辦公室（Greenhouse gas Inventory Office，GIO）的〈日本溫室氣體排放量（1990～2019年度）〉編製，由此可見日本2019年度的二氧化碳總體排放量中，鐵路占了0.71%、汽車占了16%。

全都是配合計算對象的情況所設計，例如根據燃料消耗量推算，或根據載重、運輸量來推算。

能高效率載運
旅客及貨物的交通工具

然而，如果只看絕對排放量（absolute emissions）並無法斷定一項交通工具的運輸效率高低，既然如此，接下來看看單位運輸量的二氧化碳排放量（右頁圖表）。若每單位運輸量的二氧化碳排放量愈少，就代表該交通工具愈環保且有效率（能夠載運更多旅客及貨物，卻排放較少二氧化碳）。從圖表上可以看到，鐵路在載客、載貨方面的數值都比其他項目來得低。換句話說，鐵路是載運旅客以及貨物效率最高的交通手段。

中國高速鐵路網
有助於減緩溫室效應

2021年10月25日，英國科學期刊《自然氣候變化》（*Nature Climate Change*）刊登了一篇中國研究論文[※]，指出高速鐵路網的擴大有助於減少溫室氣體排放。研究表示，隨著中國高速鐵路網於2008～2016年擴張，高鐵運輸量增加，使用高速公路的旅客和貨物運輸量減少，因此年均溫室氣體的排放量相當於減少了1476萬噸的二氧化碳。據說這是首次有論文明確指出高速鐵路系統有助於減少溫室氣體排放。

※：Impact of high-speed rail on road traffic and greenhouse gas emissions，*Nature Climate Change*，2021年10月25日

▷ 單位運輸量下的二氧化碳排放量

本頁圖表根據日本國土交通省的資料編製，左為人均移動距離的二氧化碳排放量（人km＝運輸人數乘以運輸距離），右為物均移動距離的二氧化碳排放量（噸km＝運輸貨物重量乘以運輸距離）。兩張圖表皆顯示鐵路的數值比較小，證明其運輸效率之高。

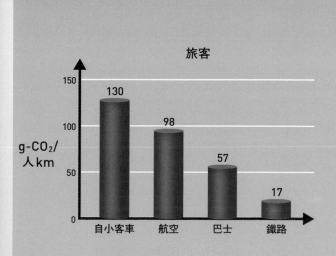

旅客

g-CO₂/人km

自小客車	航空	巴士	鐵路
130	98	57	17

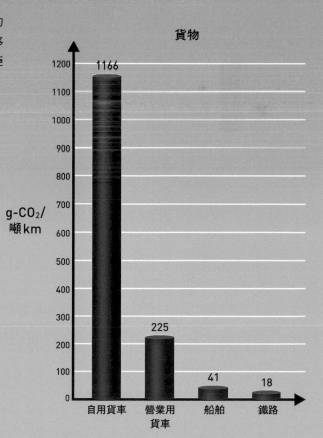

貨物

g-CO₂/噸km

自用貨車	營業用貨車	船舶	鐵路
1166	225	41	18

5 獨一無二 的鐵路

前面幾章介紹了各國高速鐵路的歷史與車輛。本章作為全書結尾，將介紹一些與眾不同的列車。

例如少之又少的雙層路面電車、公車造型的列車、橫跨巨大湖泊的鐵路等等，樣樣充滿驚奇。除此之外，也會介紹世界最高速蒸汽機車的姊妹車、世界上最大的蒸汽機車等，請盡情遨遊奧妙的鐵路世界吧。

行經世界遺產大橋的列車

曾為英國代表列車的HST從愛丁堡近郊福斯灣上的「福斯橋」（Forth Bridge）橫越而過。福斯橋為全長約2.5公里的懸臂式大橋，自1890年通車以來，一直肩負著連接蘇格蘭首府愛丁堡與北部地區的重要職責，2015年列入世界遺產。

在活動中亮相的路面電車

實際有在營運的雙層路面電車非常罕見，僅見於香港、埃及亞歷山大港和英國黑潭（Blackpool）。照片中的車輛為黑潭的「Balloon」，平時採動態保存[※]，會在活動中亮相。過去日本大阪也有這種罕見的路面電車。

※汰換下來的舊車輛依然時常維護，保持隨時可以行駛的狀態。

跨海運輸鐵路車輛

早期的鐵路車輛經常透過船運送往他國,但最近大多改透過隧道和鐵橋鐵路運送。德國的漢堡和丹麥的哥本哈根之間曾透過「候鳥航線」(Vogelfluglinie)運送國際列車,經過多次停運,2022年6月正式終止了服務。

以鐵路模式行駛的DMV93型阿佐海岸維新號

從公路模式轉換成鐵路模式的設施

巴士造型的列車

雙模式車輛(dual-mode vehicle,DMV)※外型像巴士,但也裝有鐵軌用的車輪,在公路和鐵路上都能行駛。2021年12月起,世界第一輛雙模式車輛於橫跨日本德島縣和高知縣的阿佐海岸鐵道實際營運。

註:目前DMV只能於專用路線上行駛,無法行駛於一般鐵路。

雙層路面電車

既然公車可以在鐵路上行駛，那麼電車也有可能在馬路上行駛。許多地方都能見到路面電車沿著馬路上的軌道，穿過車間行駛的情景。美國伊利諾州和印第安納州的南岸線（South Shore Line）就有在馬路上行駛的雙層通勤列車（上方照片）。若停靠站位於馬路區間，電車也會直接停下來讓乘客上下車（下方照片）。

棧橋鐵路

英國懷特島（Isle of Wight）的淺灘地形不利於船隻停靠，因此架了一道棧橋連向外海，接駁乘客上下船。這條棧橋上鋪了鐵軌，早期運行蒸汽火車，現在則使用從倫敦地鐵退役的車輛。照片為1938年出廠的老車，已於2021年退役，由新型車輛取代。

參與過世界大戰的電力機車

英國各地都有棧橋鐵路，不過照片中位於海斯（Hythe）的棧橋鐵路與眾不同，電力機車採用第三軌供電系統。這輛車曾在第一次世界大戰期間於軍工廠服役。

搭載大砲的列車

此為蘇聯1938年於烏克蘭蘇維埃社會主義共和國首都尼古拉耶夫（Nikolayev）打造的「列車砲」，車上裝載了難以在公路上運輸的大砲。德國和英國也開發過列車砲。目前這臺列車砲保存於俄羅斯聖彼得堡的鐵路博物館。

載運飛彈的列車

列車砲進一步發展而成的鐵路軍武——1980年代開發的「導彈列車」。可以載運「RT-23」洲際飛彈（照片左後方綠色發射塔內），於列車行駛時發射。

橫跨巨大湖泊的鐵路

盧辛線（Lucin Cutoff）是美國猶他州一條橫跨大鹽湖的鐵
路。在這條鐵路1904年開通之前，想要來往湖的兩端只能
繞湖而行。鐵路開通後將路程縮短了約70公里。

世界最大的蒸汽機車

「大男孩」（Big boy）4014號是世界上最大的蒸汽機車，全長約40公尺，將近日本最大蒸汽機車「C62」的2倍。2019年作為美國橫貫鐵路開通150週年紀念活動的一環，恢復動態保存狀態。

流線型車頭的蒸汽機車

「格雷斯利爵士號」（Sir Nigel Gresley[※]）是史上最高速蒸汽機車「野鴨號」（第99頁）的姐妹車。經過修復後於2022年恢復動態保存，並復刻戰時的黑色塗裝作為復出紀念。這部列車在過往營運期間從未更改或拆卸過流線型覆罩，這樣的例子相當罕見。

※英國最著名的蒸汽機車工程師。

行駛於窄軌的蒸汽機車

照片是南非鐵路的SAR Class 26型機車，俗稱『紅魔鬼』（Red Devil）。由SAR Class 25NC型機車改造而成，於1981年推出，旨在提高蒸汽機車的運行效率。特徵是和日本一樣行駛於軌距1067毫米的窄軌。

高速鐵路的未來

執筆｜曾根 悟

如前所述，「高速化」的根本目的在於縮短乘客移動時間，而非提升最高運行速度。

瑞士「高速鐵路」著重改善車班連結

瑞士國土狹小，大眾運輸發達，因此選擇用減少轉乘時間的方式來縮短移動時間，其成效之高為世界之最。瑞士放棄過往的舊線高速化方針，轉而採用規格化時刻表[※1]（Taktfahrplan），並於淺層地底建造外環線以減少旅客轉乘的等待時間，進而縮短總移動時間。瑞士自1982年實施上述改革以來，搭乘大眾運輸的乘客數大幅增加。

舉個具體的範例，瑞士於2007年建設了一條運行時速可達200公里的隧道鐵路，將第一大城蘇黎世和首都伯恩之間的移動時間從70分鐘縮短至56分鐘。

當中，出發站的發車時間固定為整點的02分或32分，抵達目標站的時間固定為整點的58分或28分，即使不是直達車，到站後也能迅速轉乘00～05分或30～35分發車的車班。如此一來，蘇黎世東部和伯恩西南部間的移動時間便一口氣縮短了30分鐘甚至1小時。

這種著重於改善車班銜接狀況的規格化時刻表，現在也受到德國和奧地利的採用，更慢慢傳入法國。

急速擴張的中國高速鐵路

中國到2007年才成為繼日本、韓國和臺灣之後亞洲第四個擁有高速鐵路的國家，然而鐵路總長度卻在轉眼間躍居世界第一，甚至包辦了世界高速鐵路總長的3分之2；營運速度也是獨占鰲頭，最高時速高達350公里。近年來，中國還開始根據不同區域的需求，建設各種中、高速鐵路的路線與車輛。儘管中國人口眾多，高速鐵路卻都是近年才新建，因此幾乎所有區間的營運速度都沒有受限，更成功將高速鐵路效益優於飛機的距離——原本與日本平起平坐的700公里左右——延伸到1200公里左右（北京～上海的距離約1300公里）。

輪軌式列車的營運速度上限

在日本剛打造出世界首座高速鐵路的1960年代，人們認為無論馬達功率再強，只要列車速度上升就會發生空轉或打滑等狀況，因此高速列車實際營運的最高時速不可能超過300公里。然而，1976年問世的英國HST推翻了這個想法。目前研究已經證實，在人口密集地區，噪音問題才是實際影響速度上限的因素。而在其他地區，即使高速列車最高開到時速400～450公里，其耗能情況都還是比穿越平流層的飛機低。這也是為什麼英國計畫於HS2線倫敦～伯明罕區間投入時速400公里的列車。

超高速鐵路會普及嗎？

⊙ 日本與中國的鐵路總長比較

	西元年	低速鐵路總長度	低、中速鐵路交界速度	中速鐵路總長度	中、高速鐵路交界速度	高速鐵路總長度
日本	2014年	24800km	130km/h	130km	240km/h	2390km
	2015年	24700km	130km/h	70km	240km/h	2620km
	2018年	24400km	130km/h	10km	240km/h	2770km
	2021年	24100km	130km/h	10km	260km/h	2910km
中國	2004年	42000km	100km/h	3900km	160km/h	0km
	2007年	51000km	160km/h	14000km	250km/h	800km
	2017年	88000km	200km/h	30000km	300km/h	9600km
	2021年	89000km	200km/h	33000km	300km/h	13300km

超高速鐵路東京～大阪的中央新幹線可謂日本這座災害大國的大動脈，作為保險的意義較大，充其量當作東京～名古屋～大阪的備援路線，要普及恐怕不太可能。原因主要有兩個：一是超高速鐵路難以連通現有鐵路，德國之所以放棄「Transrapid」也是基於這個原因；二是在正常大氣壓力下高速運行的列車都有能源上的限制，無論輪軌式還是懸浮式皆是如此。

雖然目前也有「瑞士真空隧道列車」（Swissmetro／vactrain）、「超迴路列車」這兩種透過降低隧道內氣壓，以期徹底解決行駛能源問題的提案，但都還是處於構想的階段，缺乏災害防救、大量運輸等實際面的討論，因此實現的可能性較低。

日本鐵路的速度與成本關係

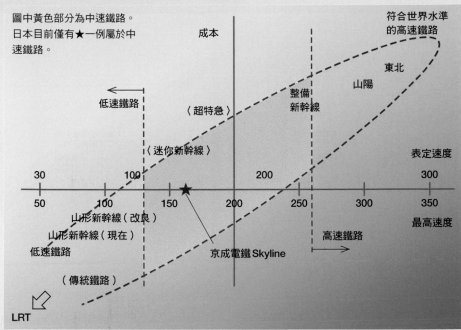

圖中黃色部分為中速鐵路。
日本目前僅有★一例屬於中速鐵路。

成本

符合世界水準的高速鐵路

東北
山陽

整備新幹線

低速鐵路

〈超特急〉

〈迷你新幹線〉

表定速度

30　　　　　　100　　　　　　　　200　　　　　　　300

50　　　100　　　150　　200　　250　　300　　350

最高速度

山形新幹線（改良）
山形新幹線（現在）
低速鐵路

京成電鐵 Skyline

高速鐵路

〈傳統鐵路〉

LRT

日本鐵路該走的道路

日本全國的輕軌和 JR 舊線加起來約有 2 萬 4000 公里，這些路線的最高時速都在 130 公里以下，明顯屬於低速鐵路；而每條路線性質都差不多的新幹線，路線總長約有 3000 公里；至於本該涵蓋許多重要路線的中速鐵路卻幾乎不存在（如圖）。以全球角度來看，這種情況極為稀奇。理論上，應該是長程路線為新幹線，中途較多停靠站的城市鐵路為低速鐵路，而介於兩者中間的城際運輸為中速鐵路。

全球舊線高速化後時速在 200 公里以下的鐵路都還可以使用地面號誌系統，僅有部分營運時速 220 公里的鐵路例外。而國際鐵路聯盟 UIC 已經形成共識，認為先進國家的高速新線營運時速至少應達 250 公里。那麼為什麼日本無法做到這

一點？這可能有兩個原因。

日本國鐵留下的問題

第一，日本國鐵在建設新幹線這條全新的鐵路時，致力於擺脫傳統規範與形式，結果反而設置了很多不自然而且弊大於利的措施，例如在同一座車站內轉乘不同的 JR 列車，還要經過中間剪票口[2]，使得人們不覺得它是「中速鐵路」。

第二，日本長期以來疏於減少平交道等危機四伏的設施，一點也沒有鐵路先進國的樣子。相比之下，英國早在 1940 年代之前就移除了絕大多數的平交道，因此非電氣化區間也能夠輕易投入時速 201 公里（時速 125 英里）的 HST（High Speed Train Intercity 125）。

日本鐵路的未來發展應該著重於：將常磐線等尚無新幹線計畫

的幹線以及湖西線、筑波快線、北總鐵道等較高規格的鐵路升級為中速鐵路；將四國新幹線這種按照目前新幹線建設計畫，本世紀之內還不會輪到、軌距又比瑞士還狹窄的鐵路盡速改良成中速鐵路，如此一來無論是建設還是維護成本都將遠低於新幹線。

如果能不受現有新幹線標準的束縛，於南北備讚瀨戶大橋的新幹線建造用地鋪設一條新幹線單線，並將一條舊線改造成新幹線也能使用的四線軌道，日本本州與四國間的鐵路交通將得到劃時代的改善。

※1：每日車班發車、到站時間都固定不變的時刻表系統。
※2：於同一座車站內轉乘其他列車時使用的剪票口，而非供出入車站用的剪票口。

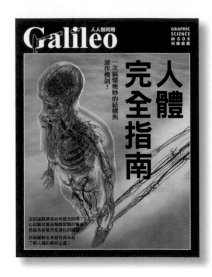

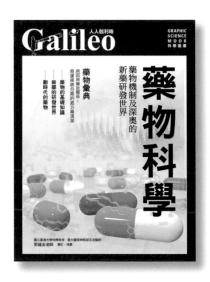

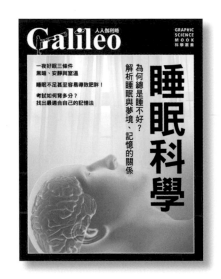

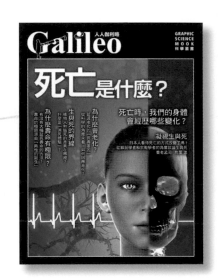

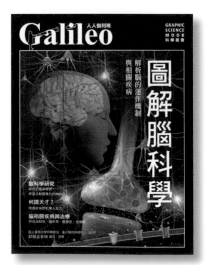

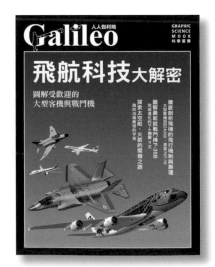

定價：350元以上

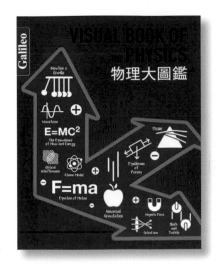

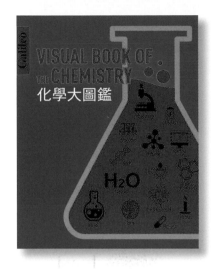

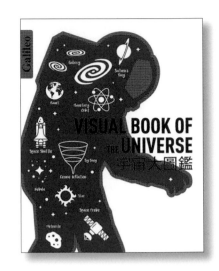

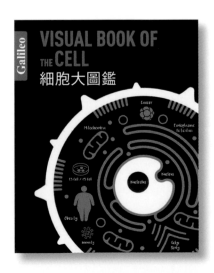

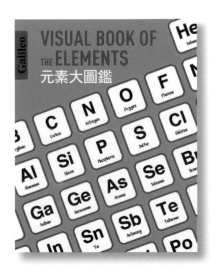

Staff

Editorial Management	木村直之
Design Format	宮川愛理
Editorial Staff	中村真哉
	竹村真紀子
	鈴木彰容
Writer	山田久美，関根英輝，裏辺研究所（日本の旅・鉄道見聞録）
写真協力	裏辺研究所（日本の旅・鉄道見聞録）

Photograph

表紙	hxdyl/stock adobe.com，aapsky/stock adobe.com，裏辺研究所，alpegor/stock adobe.com，尾崎守宏	33	裏辺研究所		【HEMU-430X】*Libelle*/flickr.com
5	裏辺研究所	34	Public domain	70～71	裏辺研究所
6～7	JR九州	36	rachid amrous/stock.adobe.com	73	裏辺研究所
8～17	裏辺研究所	37	健太 上田/stock.adobe.com	75～105	裏辺研究所
19	裏辺研究所	38～39	AFP/アフロ	105	【S-103】Markus Mainka/stock.adobe.com
20	毎日新聞社/アフロ	40～41	日本車輌製造株式会社	106～111	裏辺研究所
21	Public domain	43	裏辺研究所	113	裏辺研究所
22	Beautiful Japan 90/stock.adobe.com	45～57	裏辺研究所	114～115	裏辺研究所
23	kawamura_lucy/stock.adobe.com	58～59	Avalon/Cynet Photo	116	【フィンランド】裏辺研究所，【ノルウェー】Public domain
24	（菱形）Andrea Izzotti/stock.adobe.com，（下枠交差型）KEN-ICHI KAWABE/stock.adobe.com，（シングルアーム型）MagdaWygralak/stock.adobe.com	61	Bloomberg/Getty Images	117～120	裏辺研究所
		62	AGE FOTOSTOCK/アフロ，アフロ	121	【上】裏辺研究所，【中】裏辺研究所，【下】Public domain
		62～63	Cynet Photo		
		64～65	Cynet Photo		
25	Public domain	64	Barcroft Media/Getty Images	122	【トルコ】Public domain，裏辺研究所，【モロッコ】Wirestock/stock.adobe.com
26	裏辺研究所	65	Featurechina/アフロ		
27	Public domain	66～67	Featurechina/アフロ	123	【サウジアラビア】Jaiz Anuar/stock.adobe.com，【ウズベキスタン】Thiago Trevisan/stock.adobe.com
28～29	裏辺研究所	66	Top Photo/Cynet Photo		
31	裏辺研究所	67	HyperloopTT	127～139	裏辺研究所
		68～69	【KTX-I】裏辺研究所，【KTX-山川】裏辺研究所，		

Illustration

Cover Design	宮川愛理	35	岡田香澄	88	NADARAKA Inc.
22～23	岡田香澄	44	NADARAKA Inc.	94	NADARAKA Inc.
25	岡田香澄	56	Newton Press	100	NADARAKA Inc.
29	Newton Press	60	Newton Press	124～125	NADARAKA Inc.
30	岡田香澄，Newton Press	74	NADARAKA Inc.	141	制作室 渡邊妙翁子
32～33	Newton Press	82	NADARAKA Inc.		

【 人人伽利略系列 39 】

世界高速鐵道
各國知名高鐵建設計畫與最新型車輛

作者／日本Newton Press
執行副總編輯／王存立
翻譯／沈俊傑
編輯／蔣詩綺
發行人／周元白
出版者／人人出版股份有限公司
地址／231028 新北市新店區寶橋路235巷6弄6號7樓
電話／（02）2918-3366（代表號）
傳真／（02）2914-0000
網址／www.jjp.com.tw
郵政劃撥帳號／16402311 人人出版股份有限公司
製版印刷／長城製版印刷股份有限公司
電話／（02）2918-3366（代表號）
香港經銷商／一代匯集
電話／（852）2783-8102
第一版第一刷／2023年12月
定價／新台幣450元
　　　港幣150元

國家圖書館出版品預行編目（CIP）資料

世界高速鐵道：各國知名高鐵建設計畫與
最新型車輛 日本Newton Press作；
沈俊傑翻譯. -- 第一版. --
新北市：人人出版股份有限公司, 2023.12
面；公分. —（人人伽利略系列；39）
ISBN 978-986-461-366-3（平裝）
1.CST：高速鐵路　2.CST：鐵路車輛
557.29　　　　　　　　　112018641

NEWTON BESSATSU SEKAI NO
KOSOKU TETSUDO
Copyright © Newton Press 2022
Chinese translation rights in complex
characters arranged with
Newton Press through Japan UNI Agency,
Inc., Tokyo
www.newtonpress.co.jp
●著作權所有・翻印必究●